道州制で日はまた昇るか

地方分権から市民主権へ

道州制.com［編著］
NPO法人一新塾［監修］

現代人文社

増刷にあたっての序

２００７年3月に出版した本書は、このたび3度目の増刷の運びとなりました。この間の1年余には、世の中に大きな動きがありました。今本書の記述を読み返すと、わずか1年半前のことがとても古く感じられる部分があります。

このようなわけで、初刷刊行後、この1年半のおもな動きをとりまとめて加筆しておきます。


まず、２００７年の初めから、〝消えた年金〟問題が浮上し、政府与党の責任を問う声が大きくなりました。この影響もあり、7月の参議院総選挙では、野党民主党が大勝し、参議院では与野党が逆転しました。そして今に至るまで、衆議院は与党多数、参議院は野党が多数を占める「ねじれ国会」が続いています。9月には福田政権が誕生しましたが、この「ねじれ国会」のためもあり、政局はたびたび混迷しています。

〝消えた年金〟問題が２００８年になっても尾を引くなかで、4月から〝保険料は年金から天引き〟する後期高齢者医療制度が始まり、さらに不満が募っています。世界的な需給と投機の事情からガソリンが高騰し、この春の道路特定財源維持の問題でも紛糾しましたが、結局衆議院の3分の2の多数でガソリン税は維持されました。この時点で福田内閣の支持率は10％台にまで低下しました。さらに穀物も高騰し、燃料高と食料品の軒並み値上げが生活を圧迫しています。このような状況にあって、以前からの地域格差はさらに深刻化し、地域の暮らしはいっそう厳しくなっています。

この1年余、政治や世の中は大きく揺れ動きました。その中で、日本の抱える大きな課題は増えるばかりで、解決の方向は見えてきていません。年金の不備、医療費削減、増税などが人々の暮らしを直撃する今、内閣の不支持ばかりでなく、日本の将来に不安を覚える人がさらに増えています。


一方、道州制と地方分権をめぐる動きもいくつかありました。

自民党道州制調査会は、２００７年10月、道州制推進本部となり、さらに道州制推進に力を入れる姿勢を示しました。

同本部は5月、道州制の区割り案を発表、今夏にはこれを含む中間報告を発表する予定です。

政府では、内閣府の組織「道州制ビジョン懇談会」（座長・江口克彦ＰＨＰ総合研究所代表）が道州制を検討する機関として、各界からの意見を集めて議論を重ねています。また、地方分権改革推進委員会（委員長・丹羽宇一郎伊藤忠商事株式会社取締役会長）は本年5月、第一次勧告をまとめ、中央省庁の権限のうち、地方に移譲すべきものを列挙し、地方分権改革を強く主張しています。

経団連も、経団連会長で、政府の経済財政諮問委員会の民間議員でもある、御手洗冨士夫氏（キャノン株式会社代表取締役会長）を中心に道州制推進の意思を明確にしています。「道州制の導入に向けた第一次提言」（２００７年3月）に続き、今秋には第二次提言を発表する予定です。

このように、日本を道州制にしようとする動きは盛んになり、「道州制」が近づいてきたように見えます。しかしたとえば、上記の地方分権委員会の財源移譲の勧告に対して、省庁は軒並み「ゼロ回答」を示しています。「道州制」の大切な中身である「地方分権」はいまだ、まったく進んでいないのです。今進みつつある「道州制」は、単なる名目のみ、本書で私たちが主張している、本当に私たちが望んでいる「市民道州制」とはまだまだかけ離れているのです。

本書初刷からの1年半を経て、私たちが目指す「市民道州制」はまだまだ遠いゴールのままです。

しかし、混乱を極める国政に、「このままではいけない、なんとかしなくては」と感じる人が増えたことは、希望の持てることです。私たちの求める、「市民道州制」への改革は、そのような人々の思いの積み重ねによってこそ実現するはずだからです。また、私たちも、本の販促を進め、前述の江口氏や経団連の方々などに本書をお届けし、「市民道州制」を少しずつでも伝えようとしてきました。

したがって、初刷刊行のときと、私たちの思いはまったく変わりなく、むしろいっそう強まっています。

普通の市民が住みたい、元気で楽しい日本を、普通の市民の力を合わせて手に入れましょう。

２００８年6月

プロローグ——日本の将来を思うとき

道州制。どうしゅうせい。この、まだあまり耳慣れない言葉、何のことかご存知でしょうか。

最近になって、新聞やテレビの報道で少し見たり聞いたことがある、という人が多いかもしれません。「都道府県を統廃合して、道州という大きな単位にする」ことだと知っている方もいるでしょう。しかしそれが何のためで、私たちにとってどんな変化をもたらすものか、理解している人は少ないはずです。

それは当然です。なぜなら「道州制」になって、日本はどんな姿をめざすのか、明確にされていないからです。道州制が検討されているという政治ニュースを新聞で読んでも、「日本はそれでどうなるのか」ほとんど伝わってきません。だから私たちは、「道州制になったら、どうなるのか」よくわかっていません。

しかし、実は「道州制」への改革というのは、郵政民営化や教育改革、医療改革などとは比べ物にならない大きな改革で、私たちの将来に多大な影響をもたらすはずなのです。郵政や教育や医療、年金、消費税、暮らしに関わるすべてのことを根底から変えてしまう可能性のある、重大な改革なのです。

おそらく、5年か10年のうちに、日本は道州制になります。しかし、誰も「道州制になったら、どうなるのか」よくわからないまま、この重要な改革が進んでいっては困ります。私たちは、寄港先のわからない船に乗せられ、方角もわからずに運ばれていってしまいます。

日本の将来、こうありたいというグランドデザインを描いて、それを実現するのは政治家や官僚の仕事と思われています。しかしよく考えてみると、永田町や霞ヶ関だけに日本を任せ切りにしていいはずはないのです。私たち自身が、「将来はこうでありたい」と明確にしていかなくてはなりません。

一般市民が市民の立場から、「道州制になって、日本の将来をどうしたらいいのか」を考えてみるのが、この本です。

しかし、個人個人がいきなり日本の将来を考えることは、普段はないでしょう。

でも「自分の夢」なら語れると思います。将来の職業など人生設計をいろいろと思い描いている人もいますが、そうでない人でも「のんびり暮らしたい」などのあいまいな夢、「車がほしい」「結婚したい」など当たり前の小さな夢など、〝思い描いている何か〟があるのではないでしょうか。

まずはそんな、「自分の夢」の話から始めましょう。

○公務員A男君のふつうの夢
A男、29歳独身、四国のとある県の職員で就職して7年目。土日はパチンコかドライブが多い。現在の仕事はややマンネリ気味で、退屈になりかけてきた。

「今は大失恋の後遺症で彼女もいませんが、夢といえば……やはり結婚して、子どもをもって、……というのは考えますね。平凡な家庭でいいけど、息子と野球とか、家族でキャンプとかしたいです。とくに自分の県に愛着はないけど……でも考えてみたら、実はけっこう地元が好きなのかもしれない。今も週末には小学校からの友だちと遊ぶことが多いし、東京へ出たいと考えたこともとくにないですし。公務員ですから地道で目立たない仕事が多いけれど、〝県民の役に立った〟と実感できる仕事をしたいと最近は考えるようになりました。働ける間は普通に働いて、定年後はのんびりしたい……っていうのはずいぶん普通で、夢という感じではないでしょうかね」

○主婦B子さんの現実的な夢
B子、33歳、夫と2歳の女の子の家族。東京の会社で秘書職として働いていたが、夫の転勤と育児のため退職。

現在、再就職するか、2人目の子か、どちらを先にすべきか思案中。

「仕事は続けていたかったのですが、辞めなくてはならず残念でした。再就職もしたいけれど、今は2人目の子どもが先かな、と思っています。子育てしながら勉強して、長く続けられる仕事に役立つ資格をとるつもりです。今は賃貸マンション住まいですが、できれば、30代のうちに一戸建ての家を持ちたい。自分の好みやこだわりを実現できる家がほしいです。今は金利が安くて家を買うチャンスなので、早くしないと……と少し焦っています。父をなくし、私の母はひとりで暮らしているので、できればその近くに住んで、多少は面倒を見てあげたいです……といいつつ、当分は子どもの世話をお願いすることのほうが多いですが。でも先のことを考えると、母の老後とか、さらには自分の老後とか、やっぱり介護や福祉がちゃんとしていて、安心して暮らせる環境であってほしいです」

○会社員C男さんの壮大な夢

C男、東海地方のメーカーに勤める会社員、45歳で部長、社内ではかなり出世頭。家族は妻と3人の男の子。

「とにかく、忙しく働いています。家族とどこかへ出かける時間も、ほとんどありません。実は、今の仕事とはまったく違う分野での独立を考えています。商社に勤務している友人に誘われて、農地を取得して株式会社化し、サラリーマンの週末農園を経営しようかと。でもそれは事業の第一歩です。週末農園から、農作業体験ができる滞在型リゾート、さらに野外学校なども、やってみたいです。いつでも農林業と自然体験ができる、暮らせるテーマパークにしたいのです。まあそれは、先のことでしょうけれど……。でも、収入の保証はないし、田舎への引越しもあるしで、家族に理解してもらえるかどうか、正直自信がないのです。子どもたちにとっても、成長のための経験が積める、いい環境に住めると思うのですが……。自分自身でも、リスクのある事業に乗り出すことの不安はもちろんあります。しかし一度きりの人生ですから、やりたいことにチャレンジしたい。私の熱意を、家族にも最終的には理解してもらえると信じています」

夢を実現するのは自分の力だけ……？

普通の暮らしの中で、誰でも将来はこうありたいと、思い描くことがあります。夢を実現するのはもちろん自分の努力です。しかし、私たちの社会がそれを実現できる環境を備えているかどうかということも、ときにはとても重要です。

たとえば、

「結婚して子どもができて、それでも夫婦で共働きして、早くお金をためて家を持ちたいと思っていたのだけれど、保育所はどこも満員で入れてもらえない。就職活動もできない」

「働き盛りで病気にかかり、長期入院となってしまった。今までの職場は仕事がきついので復帰は難しいだろう。リハビリをがんばって、しっかりと治して、そのあとは再就職も考えなければならない」

「退職して、子どもも独立したので、夫婦二人の年金生活に入った。年金収入と少しの蓄えでこれから老後を過ごしていくことになる。まだ今は、体も元気だし、今までやってきた財務関係の知識を生かして、仕事を探したい。これからは子どもにかかるお金もないので、収入は二の次でいいから、社会貢献を第一に、次の世代に知識や経験を伝えることができるといいのだが」

などのように、人生の節目にあたって、また、困難な状況に遭遇したときに、私たちは何とかして次のステップへ進んでいかなくてはなりません。こうした場面において、社会が私たちの努力をサポートしてくれる仕組みがあります。失業保険、医療保障、雇用支援制度、年金などです。

そのために、私たちは税金を払っています。税金をもとに、社会の仕組みを整えるのが政治の役目です。私たちが政治に託しているのは、大切な、かけがえのない、私たちと私たちの次の世代の未来です。

日々の生活と深く関わる〝政治〟

普段の生活の中で政治との関わりを意識することはありませんが、私たちの生活と政治はいつでも、あらゆる面にわたって、密接につながっています。政治は私たちの生活のためにあります。

政治は、きょう、ここにある問題をひとつひとつ解決して、「私たちが、自分の夢をかなえることのできる社会」に近づけるのが役割です。私たちの将来の夢の実現は、日本の社会が将来どのようになるか、ということと無関係ではいられません。

さて、今の日本の政治は、未来へ向かってそういう社会を創っていくことができているでしょうか。私たちは将来について、「今の政治がやってくれるから大丈夫」と安心しているでしょうか。

● 日本の将来に安心できますか？

このままいくと、近い将来、5年以内にほぼ確実なことは、まずは消費税率のアップです。さらにそれを含めて、私たち一人あたりの税負担の上昇と、その一方での医療や福祉の自費負担の増加、すなわち公費によるサービスの削減が予測されます。すでに、その傾向は段階的に始まっています。所得税減税措置の廃止や医療費負担の増加、医療保障内容や介護メニューの一部削減などです。

〝増税されるのに、受けられる公共サービスは減る〟というのはなぜでしょうか。

現在の日本は、未曾有の財政赤字という難題を抱えています。少子高齢化で税収は減る一方、社会保障費は増加し続けているため、今後も赤字の傾向は止まりません。所得を得て税金を支払う人が減り、保障を受ける人の割合が増えるのだから、「増税してなおも社会保障がやや減るのは仕方のないことだから、納得してください」と言われ、納得できるでしょうか。多くの人は、

「増税は仕方がないとしても、社会保障が削減されるのは困る」
「社会保障費を削る前にもっと無駄遣いを減らすべきではないか」
「公務員手当ての見直しや、道路予算はどうなっているのか」

と、いろいろと言いたくなるはずです。

「歳出の効率化には最大限の努力をしています。しかし増税と保障の削減は避けられません。納得してください」

と答えを返されたら、
「それなら仕方がないですね」
と言うしかないのでしょうか。

増税と、社会保障の削減は確実。 そんな、気分も暗くなってしまいそうな、日本の未来しかないのでしょうか。

もしもそうでないとしたら、私たちができること、考えなくてはならないことが、あるのではないでしょうか。

これからの日本が、私たちにとって、夢を託すことのできる、楽しく明るい社会であり続けるために、できることはあるでしょうか。

方法は、あります。

それを今、市民の立場から提案する道州制という方法をとおして、考えてみるのがこの本です。

人生と政治は、いつでも深く関わっている

第1章 日本の未来を導く答えはどこに？

第2章 今、国も地域も大変だ

第3章 「道州制」は救世主か？

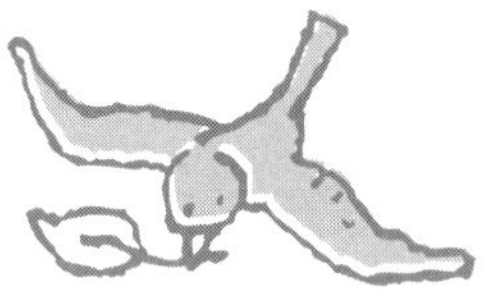

第4章 こんな「道州制」がほしい

第5章 市民のための道州制

第6章 2020年、「道州制」後の日本

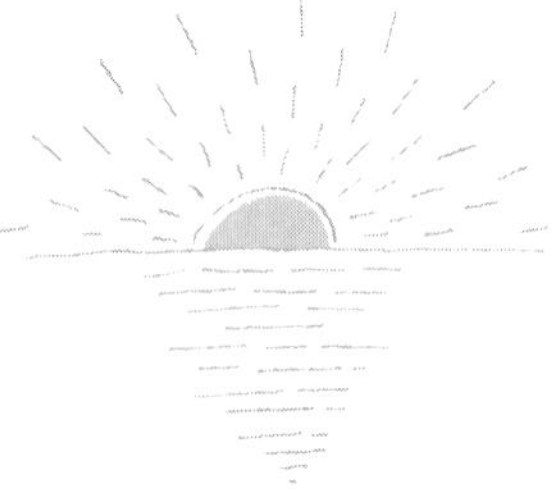

コラム

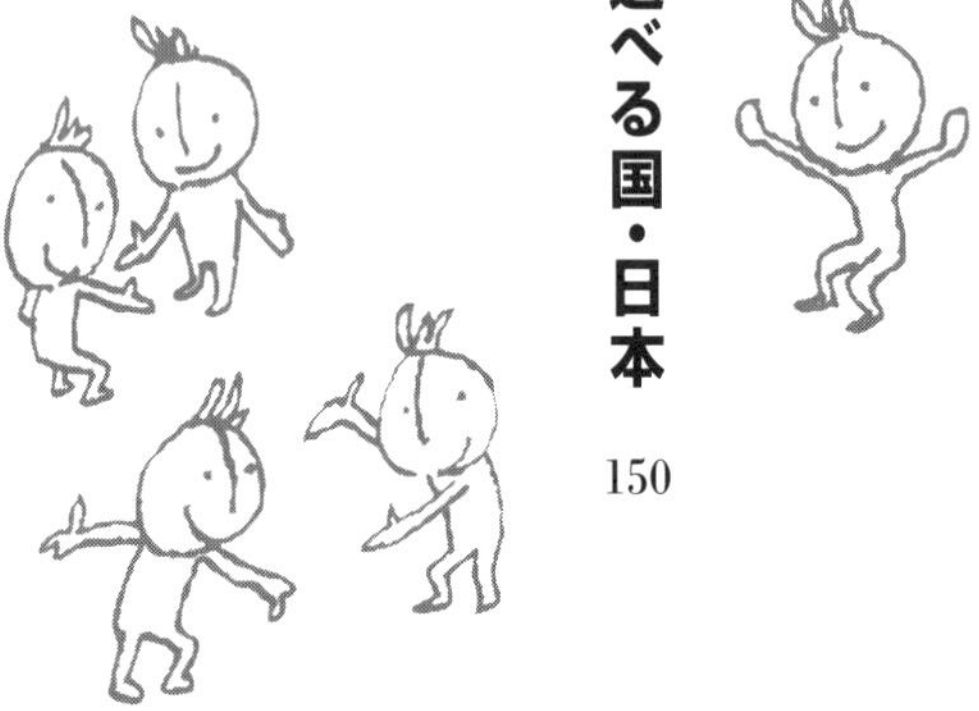

第1章

日本の未来を導く答えはどこに？

1　日本の今までと、これから

●〝今まで〟の日本の政治の成功物語

まずは、日本の〝今〟を考えてみるにあたり、「政治が私たちの幸せを導いてくれた時代」を振り返ってみることから始めましょう。それが戦後から80年代までの日本でした。大戦後、先進国へ追いつき、追い越せという復興と再建の努力が始まりました。戦後の復興と、その後の高度経済成長はみなさんもご存知のとおりです。農村から都市へと人は流れ、工業生産高は伸び、国民一人あたりの所得は年ごとに増加しました。政府の公共事業の大プロジェクトは、ダム、高速道路、青函トンネルなど、全国で進められました。鉄道・飛行機・自動車で結ぶ交通網の発展。医療の向上で飛躍的に伸びた寿命。便利で安全・快適な日々の暮らし。旅行、レジャーなど楽しみの充実。次々と豊かさが手に入りました。戦後30年での目覚しい成長は、世界の注目を集めました。

これらは、国民一人ひとりの勤勉さや貯蓄率の高さがもたらした結果ですが、上に立つ中央政府の強い指導が成果をあげたものでもあったのです。日本の政府の、

「工業生産高を上げて輸出を増やし、加工貿易立国となる。そして先進国の仲間入りをする」

という目標と、私たち一人ひとりの、

「今より豊かで安心で、楽しみの持てる暮らしをしたい」

という目標は、手段を同じくするもので、同時に達せられてきました。

では、現在とこれからについてはどうでしょうか。

●バブル崩壊後、財政危機が始まった

80年代のバブル崩壊の後、90年代以降の日本は、長く景気の低迷に苦しみました。この間、政府は景気対策として、以前と同じような公共事業を増やすために国債での借金を続けました。たとえ国債で借金しても、公共事業に投資をする〝景気刺激策〟によって景気がいずれは上向きになり、税収が増えて赤字を取り戻せるという、旧来の景気対策をとったのです。結果はどうなったでしょうか。

公共事業は期待したような景気回復には寄与せず、税収の倍増によって借金が減ることもなく、ますます、国家財政の赤字残高は増えました。また、地方交付税交付金をたよりに国に倣って観光テーマパークやハコモノへの投資をしてきた地方自治体の赤字はさらに深刻で、破綻する自治体の続出が危惧されています。80年代まで〝世界経済の優等生〟だった日本の面影は、どこにもありません。

2004年度、日本の、国と地方自治体の財政赤字総額はついに1000兆円を超えました。同年、世界2大格付け会社「S&P」「ムーディーズ」によって、日本の長期国債の格付けが先進国の中でも中位以下に引き下げられ、財政破綻が内外に明確にされることとなりました（2006年現在、2004年当時よりは日本国債の格付けは回復していますが、主要先進国の中では依然、低い水準にあります）。

現在、景気はやや上向きになってきたと言われていますが、「これでもう大丈夫」という声はあまり聞こえてきません。私たちの生活実感はどうでしょうか。都市に暮らし、暮らしや食べることに困らない多くの人は、「大変なことになった」とは、感じていないでしょう。しかし、そのような人たちでも「これからは景気もよくなるし、仕事や将来も安心だ」とまでは、確信がもてないのではないでしょうか。一方、「大変なことになった」と危機感を募らせている人たちも出てきています。2006年から医療機関で受診した際に高齢者が窓口で支払う負担割合が順次引き上げられることになり、年金だけで暮らすお年寄りにその負担が重くのしかかってきています。アジアのライバルに価格競争でたちうちできなくなっ

た零細企業では売上げが半分、４分の１と激減し従業員を解雇しています。景気が上向いてもフリーターの収入は増えず、将来設計の見通しが遠くなっています。景気がよくなっている恩恵にあずかるのは一部の人たちだけという今の様子を、〝格差社会が始まった〟と言う人も出てきました。

そして政府の財政赤字は、ずっと増加傾向のままです。

財政赤字を何とかしなければならない。年金を、医療を、雇用を何とかしなければならない。〝今そこにある問題〟がわかっていながらなかなか解決できないというのが、今の日本の政治の姿です。

●さらに日本を見舞う〝ふたつの大波〟

このように、現在の日本は、日本全体では巨額の財政赤字、各分野を見れば、年金の負担増、地方財政の破綻、若者や高齢者の雇用不振、福祉や医療のコスト増大などの深刻な問題を抱えています。

これらは、日本の社会に起こっている変化が大きく、かつ急激であるために、政治が対応しきれなくなって生じている問題であるともいえます。

変化とは、ふたつの大波です。

ひとつは**地球規模の「グローバル化」**。高度情報化、スピード化などとも言い換えられます。ＩＴの進化と同時に、90年代頃から本格的になりました。情報伝達のコストがゼロに近くなった結果、世界は瞬時に情報を共有します。このため、経済の分野では世界全体を舞台にして、競争が激化しています。今日順調な大企業も、明日は経営危機に陥るかもしれないし、逆に今日の零細企業が、明日には大変な売上げを上げるかもしれないのです。この世界的な流れに巻き込まれずにいることはできず、日本のすべての企業や産業から個人までが影響をこうむります。

そしてもうひとつは**「低成長」**と**「少子高齢化」**、これは日本自身の問題です。すでに先進国となって30年、日本は低成長期に入っています。必要な社会資本や生活のための設備が整備されたあとは、国内総生産（ＧＤＰ）や所得の伸びが鈍化します。また、成熟した社会では少子化のため働き手が少なくなり、税金や年金を負担する人が減る一方で、高齢者の割合は増えます。さらに日本の人口は減少するという予測もありますが、そうなると社会全体の生産性が下がって成長率はマイナスになるおそれもあり、ますます「低成長」になります。

つまり、日本の政府は、**すでに累積してしまった巨額の財政赤字を抱え、これを改善しなくてはならない状況の中で、同時に、この〝ふたつの大波〟を乗り切るための舵取りをしなくてはならない**という、まさに**史上初で最大の重大局面**にさしかかっているのです。

●どうする日本、政治が今、問われている

このように日本の〝今まで〟と〝これから〟を概観して、見えてくるのは日本の政治の問題点です。

日本がうまくいっていた戦後の30年、政府は強力な指導力で号令をかけ、日本全体を引っ張ってきました。それは、〝中央集権体制〟のなせるわざでした。中央の政府から発した政策を各都道府県に行き渡らせてきました。以前はうまくいっていた、この「上から下へ」「一斉に」号令をかけて進む方式が、現代にそぐわなくなっているのです。たとえば、〝公共事業による景気刺激策〟は、60年代には景気上昇に役立ちましたが、90年代には成果を挙げられないばかりか、逆に財政赤字を増大させ、地方には疲弊をもたらしました。これは全国一律に同じようなハコモノを作っても、もう新しい需要はないからです。これからは、**〝今までと違う政策〟が必要であり、〝地域ごと、ケースごとに異なる対応〟が必要**なのですが、**中央集権の政府ではそれがなかなか進みません。**

同じようなことは、〝グローバル化〟という急激な変化に対応できる政策をいまだにもっていないこと、また、〝少子化〟対策でも、いまだに効果をあげられないことなどについても言えます。

変化の時代を乗り切るためには、〝中央集権体制〟そのものを変えていく必要があります。政治の仕組みから、根本的に考えなくてはならないのです。

2　地域と日本が復活するための、「地方分権」とは

●今の日本は「中央集権」

日本の行政機構は中央集権です。「中央集権」という言葉は、歴史の教科書で「大化の改新」あたりで登場し、その後幕府や明治維新や、そんな時代の強い権力で国を掌握した中央政府のたぐいを思わせますが、今の日本の政府も中央集権政府です。その定義は、〝権限と財源が中央に一元化されている〟ということです。

「3割自治」という言葉を聞いたことがあるかもしれません。日本では地方自治体の受け持ち部分は3割、あとの7割は国が指揮しているという意味です。日本では、地方行政の多くは国の基準に従い、許認可をもって行われます。地方の学校や老人ホームなど公共施設の建設・管理や、宅地などの土地開発、土木工事など、地域の生活環境に関わることは地方自治体が行いますが、自由にできるわけではありません。ほとんどすべてにわたって、国の基準があります。そして、新たな工事、学校の新設、道路計画の変更など、新しいことをしようとするときは国に伺いをたてて、許可を得てはじめて実行できます。また、地方の歳入に占める地方税の割合も3割程度で、地方の歳入の足りない部分は補助金と交付金が国から配分されています（49頁以下参照）。補助金は各事業ごとに決定されるため、地方自治体は補助金を受けるために、国に計画を申請し、何度も東京へ足を運びます。仕組みとしての地方自治はありますが、権限と財源はほとんど国、すなわち中央政府にあり、これは中央集権なのです。

〝民主主義で中央集権国家〟の先進国としては日本以外に韓国、フランス、スペインなどが挙げられます。

中央集権の対義語は、地方分権です。地方分権は、〝国家の権限と財源がいくつかの地方自治体政府に分散されていること〟です。

中央集権 ＝ 権力の集中 …… 権限と財源は主に中央政府にある
地方分権 ＝ 権力の分散 …… 権限と財源が中央と、地方自治体とにあり、地方のことは地方に決定権がある

中央集権と比較するために、地方分権国家の代表として、アメリカ合衆国の例を見てみましょう。アメリカは「連邦制」です。連邦制では、「州」に強い権限があります。各州には強い自治権があり、連邦政府（中央政府）は州から主権を委譲されていますが、その内容は憲法によって、外交・貿易・国防など対外的な分野に限定されています。一方の州政府は、治安・福祉・教育・経済政策などを独自の裁量で行い、州の税源である所得税・消費税などの決定権も有します。代表的な連邦制の国家には、ほかにカナダ、ロシア、ドイツ、オーストラリア、インドなどがあり、先進国の間では中央集権より連邦制のほうがやや主流ですが、連邦制と中央集権制の中間的形態の国も多く、連邦制でも強大な権力が中央政府にある国や、中央集権制でも地域の自治権がかなり認められている国もあります。どちらの政治形態をとっているかについては、その国の民族構成や民主主義形成の歴史、国民性によります。

日本は形においても質においても、まさに中央集権国家の代表です。形式的には、国に集結する強大な財政規模をもとに、補助金・交付金を配り、地方行政を細かく規定し、国の意思を反映させています。〝質における中央集権〟については、東京一極集中の現状によく表れています。交通網は東京中心で、首都圏の人口密度も世界一、政治・経済・文化などほとんどすべての機能が集結している東京はほかに類を見ないほどの巨大都市として世界に知られています。これは、国家が中央集権的な体制をとったことの結果です。しかし、家賃など生活コストが高い、通勤時間が長いなど、東京には東京の、過度の集中による弊害として生じた都市問題があります。

●「地方分権」の必要性

1で述べたような現在の〝変化の時代〟への対応のためには、中央集権体制を改め、地方分権への改革が必要です。なぜ「中央集権」から「地方分権」へ改革すべきなのか？　以下の3つの理由によります。

①価値観の多様化への対応

豊かになることが目標だった1980年代以前は、日本人の価値観はまずは「所得の増加」でありほぼ一様であったといえますが、現在は、価値観が多様化しています。生活の安定をある程度実現できた今、さらにこれからもお金をたくさん稼いで裕福に暮らしたいか、もう少しゆとりをもって働きながら趣味を楽しみたいか、結婚して子どもをもつか、老後はどうするかなどについて、人々の望むことは一様ではありません。地方から東京へ出てきて一旗揚げて、という考え方も一般的ではなく、Uターン、Iターンなどの選択肢も出てきました。日本を挙げて経済成長を支える仕組みから、個人の多様な価値観に適合する地域社会のあり方へと、転換する必要があります。このためには、地方の行政がそれぞれの地域に合った将来像を描き、それを実現していく地方分権がふさわしいのです。

②グローバル競争時代への対応

①と表裏をなすことですが、グローバル化の時代の国際競争力について考えてみます。グローバル化・情報化で、〝日本対世界〟ではなく、今は国境を飛び越えて、〝個人対世界〟〝地域対世界〟が向き合っています。個人や地域には、世界から見てどんな価値があるかが問われています。〝地域ごとの固有事情、異質性〟は、高度成長期には〝均質化すべきもの〟でしたが、現代では〝異質性〟を〝地域の特色〟へと発展させることが、地域の目的です。なぜなら、〝地域の特色〟は情報網を通じて世界に発信されることで国際競争力をもち、成長が期待できる商品・産業・文化の源泉となるからです。

先に、日本は低成長期に入っていると書きましたが、世界的にみても同じです。先進国では消費を増大し続ける高度成長の時代は終わり、低成長期に入っています。低成長期にあっても、地域が発展する唯一の道が地域の特色を生かすということであり、それが成功すれば、「地域の高度成長」が可能です。国全体に均一の政策をあてはめることは、目的達成にはそぐわないばかりかむしろ、地域ごとの特色ある発展の障害となります。今や、〝地域の成長・発展モデル〟は地域ごとに異なり、国がお仕着せできるものではなくなっているのです。

③無駄がなく効率のいい行政のため

①、②のような、地域ごとそれぞれの政策が必要な状況において、中央集権体制を維持していると、個別に異なる対応ができず、非効率が生じてしまいます。少子化問題を例にとってみると、保育所の絶対数が足りない地域に対しては、保育所の受入れ数増加が最も必要です。一方、保育所が余っていても子どもが増えない地域に対しては、〝育児支援施設の整備〟ではなく、〝雇用の促進〟が必要かもしれません。「地域の子どもの数が増える」ための方策は地域によって異なり、全国一律の少子化対策では対応しきれません。それどころか、「少子化で生じた学校の空き教室を保育に活用したい」と思っても、保育所の設置に関する規定で認められないなど、国の基準が障害になることもあります。

このような状況で地方分権への改革の必要に迫られている先進国は、日本だけではありません。中央集権的な先進国の例として先ほど挙げたフランスでは、実は日本に先んじて地方分権化を進めています。80年代から改革を始め、2003年3月の憲法改正で「共和国の組織は地方分権的とする」と分権国家を鮮明にし、現在も国の権限を州や県にさらに移譲を進め、改革を続行しています。

● 財政赤字は深刻。地方分権は何としても、進めなければならない

さらに日本固有の事情である財政赤字の改善のためにも、地方分権的改革が必要です。それでは、**財政再建が必要だ→地方分権が必要だ**、ということになるのはなぜでしょうか。

財政赤字は、歳出（1年間の行政の総支出）が歳入（同収入）を上回って生じます。赤字を減らすには、歳出削減か歳入増加のどちらかです。単純に行うとすれば、すべての歳出項目を一律10％カットすれば赤字は減りますが、「この項目は削れない」というものがたくさん出てきて、一様にはできません。一方、歳入を増やすために急な増税をすれば、国民の抵抗が激しく政権が倒れてしまうでしょう。こうした事情のもと、赤字対策として国は、まずは以下のような方法をとります。

①無駄な支出、経費を削る
②官から民への業務移転により、全体をスリム化する
③今より効率的な仕組みをつくる

これらを企業の再建と同様に考えてみると、まずは①経費のチェック・見直しをします。次に、②部門として非効率なものを多く抱えているので、委託したほうがいい部門を統廃合したり、アウトソーシング（外部委託）をします。③では思い切った組織替えをします。この③の部門に、地方分権が関係してきます。地方の案件を、県を介して国まで上げて検討・判断し、また県を通じて回答を地方へ戻してくることが多いのでは、時間も人手もかかり、無駄が多すぎます。地方でできることは地方で進めていくという地方分権にしたほうが、効率的、すなわち歳出の削減につながるというわけです。

現実的な問題でいうと、現在の日本政府にとって、補助金・交付金を各地方へ配分するという体制が大きな負担となり、財政赤字の原因となっているという事実があります。補助金・交付金はいったん国に集めてから地方へ渡すということだけでも経費がかかり、非効率です。さらに、補助金・交付金の国の基準は全国一律なので、各地域によってコストが異なったとしても、それに対応できずに非効率で無駄が生じています。そんな補助金・交付金分配システムをやめてそのかわり、地方が独自に使える財源を増やす、ということでまさに地方分権的改革が必要だということになります（49頁以下参照）。

このようにして、財政再建の方針としては、右記①から③に対応して、
①歳出の見直し・削減
②民でできることは民へ（小さくて効率的な政府へ）

③地方でできることは地方へ（地方分権）

ということになります。

●改革の掛け声は大きく、でも成果はあがっていない

小泉内閣は、2001年、「改革なくして成長なし」というスローガンを掲げてスタートしました。「官から民へ」「国から地方へ」という目標を掲げた改革がいくつか行われました。「官から民へ」の代表的なものは郵政の民営化です。「国から地方へ」の改革としては、「三位一体の改革」がありました。2006年、第1次三位一体の改革は終了し、小泉内閣は〝「三位一体」で改革を推進できた〟と自己評価（内閣府パンフレット「ここまで進んだ小泉改革」）、財務省も改革が進んだとしています（財務省「日本の財政」平成18年版）。しかし、地方の側である都道府県や市区町村は、〝三位一体の改革はきわめて不十分〟と不満を表明しています（地方6団体「地方分権の推進に関する意見書」2006年。このほかにも地方分権的な改革がありましたが、三位一体の改革を含め、これらの成果については、第2章で詳しくみていきます）。

この間、財政全体の数字はどうなったでしょうか。2001年から2006年まで、国債残高、財政赤字とも、増加の傾向のままで推移しています（第2章図E〔44頁〕参照）。改革の成果が数字に現れてはいません。1000兆円もの大きな赤字を削減しようとするのですから、そう簡単に成果が出るものでもありませんが、目標への道のりははるかに遠いのに対して、改革の歩みはきわめて遅いのです。現段階では、〝地方分権が進んだ〟とも〝財政再建が進んだ〟とも言い切れるほどの成果はみられません。もっともっと抜本的な改革が必要です。

●「道州制」で問題解決を

〝改革がうまく進まない〟という状況には、いわば**〝改革の改革〟が必要です。それが、私たちがこれから論じる「道州制」です。**都道府県―市区町村の仕組みは、中央集権体制のために作られました。「道州制」はこれを改め、地方分権という目的に合った仕組みはどういうものか、ということから考えていきます。

地域にとって最適な権限のあり方を考えてみたとき、生活に密着した政策の権限はできるだけ小さい地域単位に任されるのが望ましい、つまり地方自治体が今より大きな権限と自由度をもって、地域行政にあたるべきです。では都道府県は、何をするのでしょうか。考えられることは、市区町村のサポートであったり、国の持つより大きな権限を移譲される受け皿ですが、このような機能をもつためには、都道府県の一般的な大きさではやや小さいのです。このため、都道府県よりは大きい「道州」の構想が出てきます。「道州」の大きさは、東北地方、近畿地方などにほぼ一致します。**「道州制」とは、「道州」を単位に、国の大きな権限までも移譲して、地方分権の体制を確立する仕組みのことです。**

●都道府県ではなく、「道州」という大きさの意味

「道州制」では、都道府県を廃して、「道州」という単位を基準に地方分権します。そうするのが、なぜ望ましいのでしょうか。

①国の〝大きな仕事〟を地域に移譲するため

「地域のことは国ではなく地域が決める」ようにするのが地方分権ですが、現在国の役割である地域に関する政策のうち、基礎自治体（市区町村のこと）や都道府県では対応しきれない、大きなものがいくつかあります。道州の大きさが最適な事業には以下のようなものがあります。

河川管理事業……川の利用、自然保護、安全対策などは、河川ごとに地域に合った方針で行われるべきですが、現在は国の管理下にあり、さらに県境ごとに管轄が変わってしまい、非効率が生じています。〝川の大きさ〟には道州がちょうど適しています。

空港・港湾の建設および戦略的な機能の強化……最近では各都道府県で空港を建設する政策にもなってきていますが、各地に小さな空港は必要だとしても、国際便の発着可能な大型空港に関しては、建設に巨額の費用がかかるのみならず、その後は地域単位での国際的な戦略がないと空港経営が成り立ちません。戦略的運営のために、道州単位での対応が適しています。同様のことは大型港湾についても言えます。

電力・ガス・水道・鉄道・高速道路など、大型社会資本の整備・管理・運営……ほぼ道州の規模ですでに運営されている事業に、電力会社やＪＲがあります。生活インフラを含めた大型社会資本の整備・管理・運営は、ある程度の規模をもつことで〝スケールメリット〟が働きます。しかしスケールメリットは大きければ大きいほどいいというものではなく、大きすぎると整備・管理・運営において逆に非効率も生じてくるので、道州の大きさが最適です。

②財政基盤の安定のため

現在も、都道府県単位では地方の税収にかなりのばらつきがあります。都道府県単位で自立した財政をもつことが可能なのは東京などわずかな自治体だけです。都道府県が複数集まった大きさがあれば、ある程度の財政基盤の大きさを確保することができ、地方に関する権限と財源をできるかぎり国から地域に移して、政策の自由度が高まります。産業政策、環境対策など、**大きな資金を動かす政策も道州単位で可能**になります。

また、地域住民の年齢構成や所得の差や、地域固有の事情により、年次ごとの歳入が激しく増減すると、年金事業、教育、住宅政策など、**中・長期的な対応が必要な分野に時間をかけてじっくり取り組む**ことが難しくなりますから、この分野でも道州の大きさを必要とします。

③グローバル化に対応する成長戦略のため

グローバル経済の渦中で、地域が特色を活かして競争力を強化する、と前述しましたが、これも地域が小さすぎると世界に対する影響力を持ちえません。

日本を大企業にたとえてみます。日本という国は組織が大きすぎて膠着化し、世界に対応するスピードが遅くなってしまった企業で、再興のためには思い切った改革を必要としています。そこで、分社化して、各事業部ごとに戦略を任せ、自己責任で経営するということになりました。それではいったい、いくつに分けたらいいかというのが問題になってきます。47都道府県に分割してスタートするという案もありますが、世界に対して競争力をもてる単位ということで考えると、

地方分権のイメージ

やはりそれは道州の大きさなのです。事実、今世界で国際競争力があり、最も経済的に活性化しているのは、上海（中国）、シリコンバレー（アメリカ）、バンガロール（インド）など、国というより地域であり、多くが人口数百万人程度、大きな上海で1000万人台という規模です。つまり、日本が、21世紀に国際競争力を持ちえるための戦略的分割の単位が道州であるということです。

以上のようにして、**道州という大きさで実際に区切ってみると、地方分権の可能性が最大限に広がってくる**ことがわかります。

都道府県の原形が設置されたのは明治初頭、鉄道も自動車も通信網もないころでした。今は県境を越えて通勤したり、レジャーに出かけたり、人と交流したりするのは普通のことです。明治のときの〝廃藩置県〟と同様に、〝廃県置道〟が時代に見合った姿への改革というべきでしょう。

道州制のイメージ

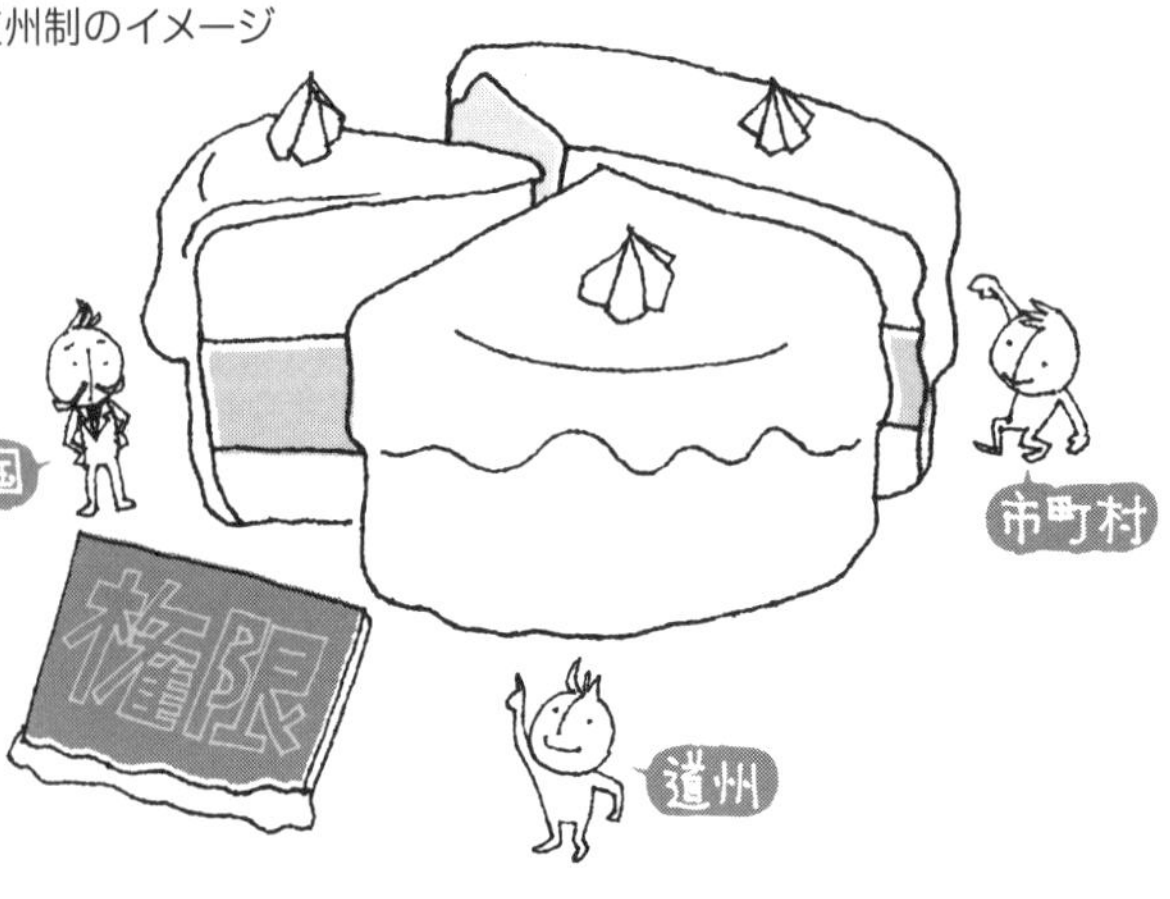

3 「道州制」の可能性

道州制とは、できるだけ短く簡単に定義すると、「1現行の都道府県制度を廃止して、2複数の都道府県を統合した面積規模を持つ広域行政体をつくり、3自立のための権限を与える制度」です。

● 道州制とは

道州制の定義その1 現行の都道府県制度を廃止する

2で指摘したように、現在の都道府県・市区町村制度をそのままに地方分権を導入しようとすると、入れ物と中身がぴったり合わず、なかなかうまくいかない面があります。また、都道府県・市区町村制度それ自体が長く運営されてきた間に制度疲労を生じているとも言えます。「現行制度を廃止する」、つまりゼロから制度を作り直して、組織も人の気分も一新するほうが望ましい面もありますが、反面、今までの制度や組織をどうするのかという問題、制度変更に移行コストがかかり混乱が生じるなどのマイナス面も予測されます。しかし「道州制」はそれでも、都道府県制度をまず廃止する、というのが基本的な立場です。

道州制の定義その2 広域行政体をつくる

広域行政体とは複数の都道府県を統合したものであり、これを「道州」と呼びます。「北海道」はそのまま広域行政体になります。そのほかは「東北道」「関東道」など、おおむね今の「東北地方」「関東地方」などが「道州」になると思うと、想像しやすいでしょう。このように分けていくと、日本を9～10程度の道州で構成することになります。道州制論者の間でも、「東京都」を単独の道州にするか関東道に含めるか、北陸地方をどこに入れるかなど、細部で意見が分かれ、日本全体をどう区割りするかについてはいくつかの案がありますが、ここでは代表的な3例を図Aに示しておきます。細かい区割りにはこだわらず、まずはこの図を見て、「道州制日本」の全体のイメージを把握してください。

道州制の定義その3 自立のための権限を与える

こうしてできた「道州」に、今国がもっている権限を与え、地域ごとに適した行政を「道州」が執り行う、ということです。国の権限のどの部分を「道州」に移譲するのかについては、これも大きく意見が分かれるところです。国防・外交などの「国でなければできないこと」を除き、すべての権限を「道州」に移そうというものが最もわかりやすい「道州制」ですが、「徴税」や「立法」のすべてを「道州」が行うのは無理ではないか、という考えもあります。「道州」がどんな権限・機能をもつかが最も重要で、ここに「道州制」の成否がかかっています。都道府県を廃し、いくつかの「道州」ができ上がれば道州制になる、わけではありません。

ここまで読んで、何だか大掛かりで面倒な改革だな、と感じる人も多いと思います。〝なぜそんなことまでするのだろう？「道州制」の成否だって？　どうなることが「道州制」の成功なんだろう？〟と疑問に思う人もいるでしょう。「道州制」は、現在の日本が抱えるさまざまな課題を解決する改革案として出されてきたものですが、ここで改めて、「道州制」の目的を確認しておきます。

● 道州制の目的

道州制の目的をできるだけ簡単に言うと、「地域が栄えること」です。「栄える」というと経済的な繁栄のような感じを受けますから、ここで、**「地域を元気にする」**と言い換えます。「地域が元気である」ということは、〝日本全国、どこに行っても、楽しくてずっと住み続けたい町や村がある〟ということです。

そのために、今の地域にある問題を解決して以下のようにしていくことが必要です。

①地域の自立……今各地の地方自治体は、財政赤字に陥っています。人口構成の高齢化と経済停滞・雇用の不振による所得の低下からくる税収難。そして公共投資の失敗でさらに財政は悪化。このような悪循環を断ち切って、まずは地域行政の基盤を立て直すことが必要です。そして、地域行政とそこに住む人々の〝精神的な自立〟も欠かせません。

②地域の活性化……地域では、財政難・不景気などのせいもありますが、人々が生き生きと毎日を楽しめるような出来事があまり多くありません。地域の人同士が楽しむ場所、イベント、日々の生きがいなどが少ないと、住んでいる土地に魅力が足りず、若い人、働ける人は出て行ってしまいます。郷土に愛着を持てる、いつも活気があふれている、楽しい町や村でなくてはなりません。

図A　道州制の区割り図

＊東京は特別道にするという案もある。

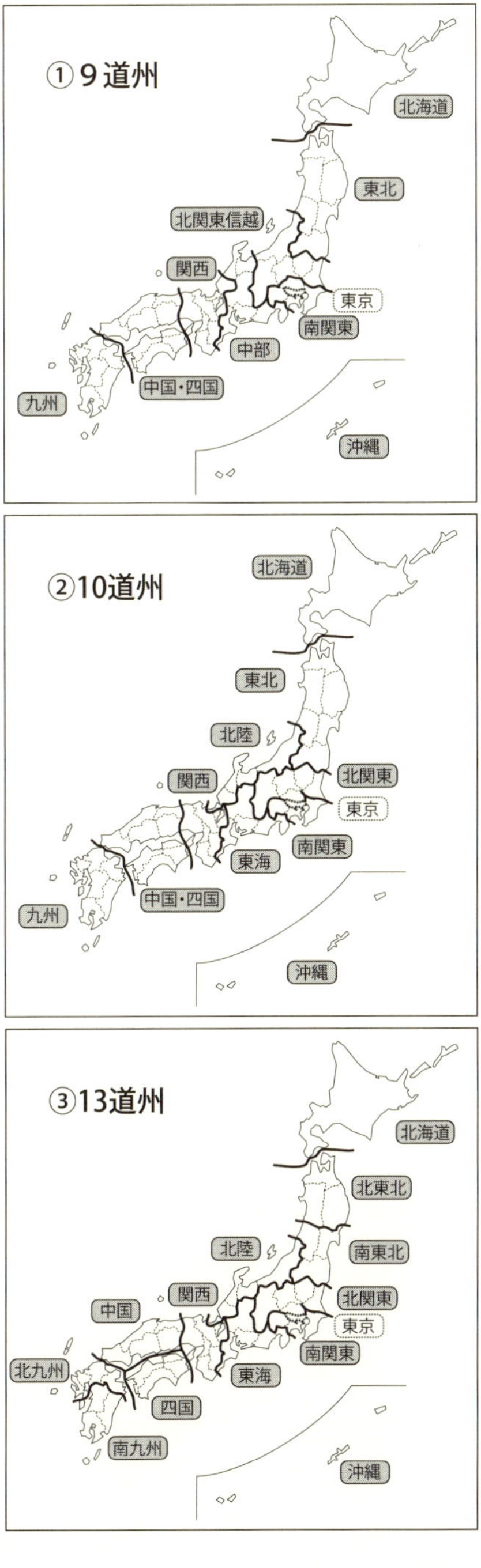

③地域の成長……最後に、経済的な繁栄も必要です。①地域の自立ができ、②地域が楽しく活性化してくるならば、そこには結果として、経済の成長・繁栄ももたらされます。前のふたつを置き去りにして経済を繁栄させようというのは無理なことです。行政と人々が自立すること、そして、町や村を愛し、楽しく暮らすこと、それをまず第一に考えることが、地域の経済的な成長への、遠回りなようでいて、一番の近道です。

①地域の自立、②地域の活性化、③地域の成長、これらをまとめて、「地域を元気にする」と呼ぶことにします。

そして、「地域を元気にする」ということが、日本のさまざまな問題を解決するための早道であり、各地域が成長することで、日本全体の財政赤字などの大問題にも、解決の兆しが見えてくることでしょう。

それでは「道州制」はなぜ、「地域を元気にする」ことができるのでしょうか。

●地域の人が真に望む政治を、「道州制」なら可能にできる

ここで、例を挙げて考えてみます。

九州のD町で、住民が今、一番にほしいものは、高齢者を含む住民が自由に行きたい所へ行ける、町のバリアフリー化であるのかもしれません。家々を巡回するバス、舗道の整備、地元の人がいつでも集うことができる広場やレストラン、健康作りの施設。これらには予算がついてなく、「今は財政赤字で、そんなものを作る費用はありません」と言われてしまいます。しかし一方で、町を縦断する高速道路の建設は着々と進んでいます。高速道路よりはずっと少ないお金でできるはずの町づくりができないという、この状況の問題点は以下のようになります。

①遠くにある政府ではわからない、できるだけ近い行政府に決定権を

D町の人々の真の声は、遠い政府にはよく届きません。地元のことは地元の人が一番わかります。町役場の役人が住民の意見を丁寧に聞いて、自分自身も町民としての立場からそれに共感し、こんな設備ができたらいいなと思うものは、た

ぶん町に一番適した政策なのです。「道州制」は地域の行政府に決定権と予算を与えます（道州制の定義その❸）。これにより、住民の意見が政策決定に結びつきやすくなります。

②中央集権政府では、全国すべての都道府県や市区町村に同じ基準で政策を行わなくてはならない

しかし、中央政府もD町の実情をまったく理解していないわけではないのです。巡回バスやバリアフリーの舗道もいいかもしれないと認識しつつも、D町だけにそれを許可するわけにいかないのです。中央集権政府には、全都道府県道路予算、福祉予算など、均一に決められた基準があります。国立大学も空港も各県にひとつずつ、北海道のE町に高速道路を作るのだから、D町にも同じように作らなくてはいけないのです。しかし「道州制」は都道府県制度を廃止し、道州や市区町村が異なる方針のもとに異なる政策を決定できます（道州制の定義その❶・その❷）。

③縦割り行政のため、予算をほかの分野に動かせない

もうひとつ、都道府県体制そのものではないですが、その副産物ともいうべき日本の行政の大きな問題点が「縦割り行政」です。国が決定し、いったん道路にとった予算は、ほかのことに使ってはいけないのです。そして、「道路予算」などは一度決定すると何十年も変更されません。地元の要望がほかにあっても、国家予算が財政難になっても変わりません。「道州制」は都道府県制度とともにこの縦割り行政を改革し、「道州」がその地域の実情に合わせて予算を組むことができるようにします（道州制の定義その❷・その❸）。

地域を元気にすること。
そのためには、地域の望むことをかなえてくれる政府が必要です。
それが、「道州制」です。

図B　中央集権から生活者主権へ

（NPO法人一新塾提供）

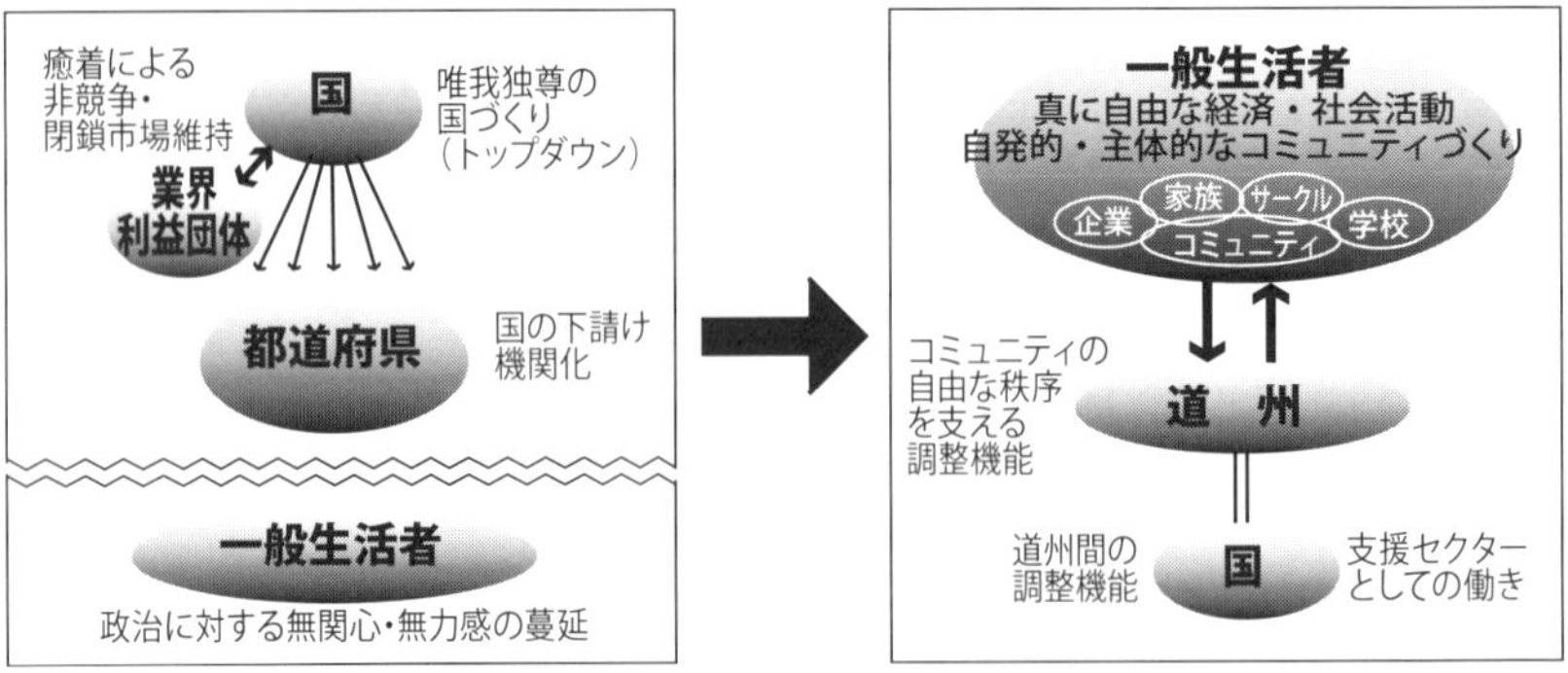

●中央集権から〝生活者〟主権へ

「道州制」の重要な意義は、中央集権からの構造転換だということは、すでにおわかりいただいたと思います。では、道州制だとどんな構造になるのでしょうか。上からの中央集権をやめて、下から、つまり地域の現場が主役になるということです。地域の現場の担い手はそこに住む人々、つまり私たち自身です。このことを、〝生活者〟主権と呼びます。地域で生活する人たち自身が、住みたい社会を思い描き、行動し実現していくということです（図B参照）。

●明治維新以来の歴史的改革

「道州制」は、日本にとっての重大な転換期にあって、明治維新以来の大改革をやろうとしているのです。都道府県制度の原形は、明治維新のときに「廃藩置県」で定められ、実に１００年以上の長い間続いた、そして成果を上げてきた、非常によくできた制度でした。明治政府は強力な中央集権体制の基盤として府県を制定し、帝国主義に基づく「富国強兵」「殖産興業」などの諸政策を推進し、日本は先進国の仲間入りをするまでに成長を遂げました。大正・昭和前半を経て第２次世界大戦の敗戦後、連合軍総司令部（ＧＨＱ）の占領政策でも、都道府県知事が直接選挙によって選出されるようになった以外には、都道府県制度はほとんど手をつけられませんでした。なぜでしょう？　ＧＨＱにとって日本の軍事力と軍国主義を解体すれば、あとは中央集権体制のままでよかったのです。日本には教育水準の高い優秀な労働力、優秀な官僚組織がありました。それらを軍国主義ではない別の目的に向かわせればよかったのです。そしてこの体制の下で戦後の目覚

図C　道州制のイメージ図“ネットワーク型”国家

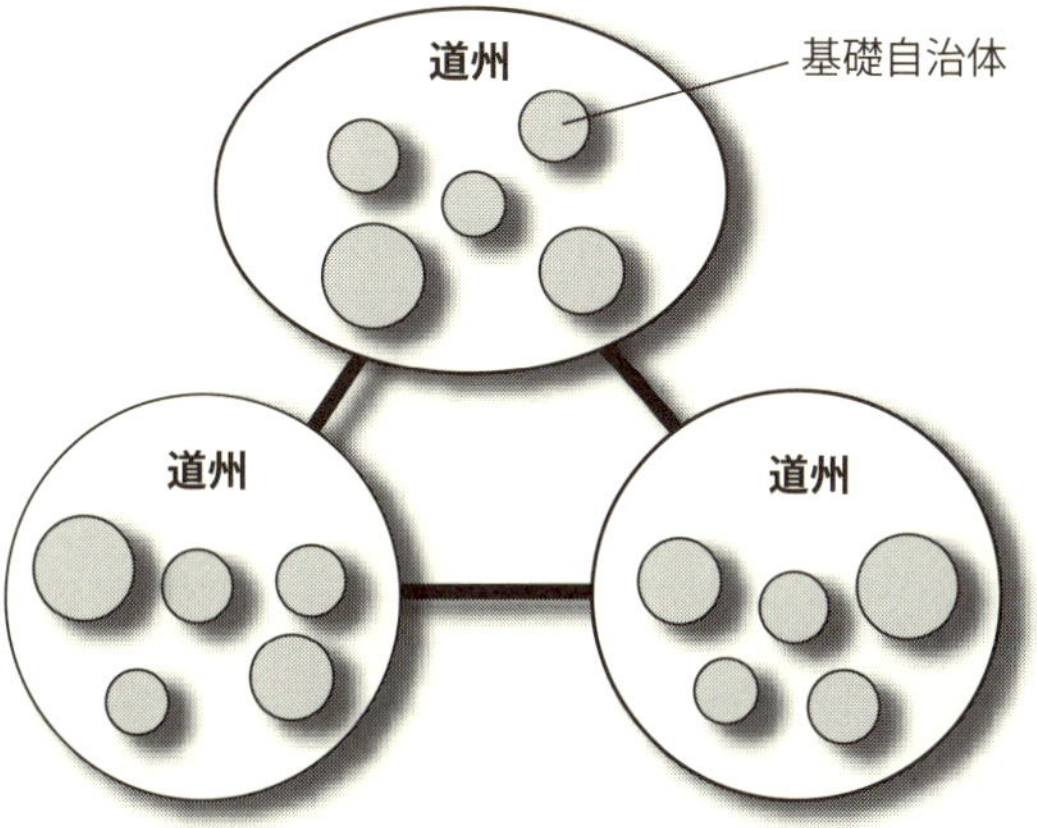

ましい復興とさらなる経済発展を遂げました。中央集権体制は、明治・昭和と2度の大成功を修めたことになり、この100年余りの時代の潮流の中にあっては、日本にとても適した制度でした。「富国強兵」「加工貿易」など、国全体がひとつの目標を掲げて進んでいくときには効率のよい仕組みです。また、「工業化」の時代にあっては、均一な質と量の労働力が求められ、画一的な教育や価値観を国民全員が身につければよかったのです。かつては情報の流れも、マスコミを通じた中央集権型で、一極集中管理できる状態にありました。

しかし、時代は変わりました。「情報化」の現代には、個人には他と違う個性が求められ、同様に、地域には地域ごとに異なる〝繁栄の姿〟が存在するはずです。中央の一律の号令では地域も個人も前に進めなくなりました。それぞれに、自らの方向性を定めて進んでいかなくてはなりません。そして、国際社会で生き残っていくためには、「他と違う個性」に価値があると世界から認められる必要があります。

● 次代へのパラダイム転換との合致

前項の〝時代の変化〟に関して、さらに話を進めます。現代は、パラダイム転換の時代です。「パラダイム」とは〝物事と物事の結びつき方〟といった意味で、「パラダイム転換」は〝物事を考える枠組みが大きく転換する〟というときに言われます。「道州制」がもたらすパラダイム転換は「中央集権からネットワーク型国家へ」ということです（図C参照）。

この転換は、現代社会の最も大きな変化と呼応しています。この「ネットワー

キーワードで見る「道州制」

日本の現在の姿	道州制
中央集権	地方分権
タテ社会	ヨコ社会
ひとつの価値観＝みんな一緒が望ましい	多様な価値観＝他と違うことが望ましい
組織の力を発揮する	個人の力を発揮する
中央にリーダーがいる	各地にリーダーがいる
解はひとつ	解は複数

ク型国家」は最近よく見る図だと思いませんか？　これは「ＩＴ化社会」を表現するときに描かれる図と同じ形です。ＩＴ化社会では、地位が高い・低いとか、裕福であるかどうかなどに関係なく、すべての参加者に均等に情報の発信と受信をする機会があります。そして参加者同士で合意形成したら、世代や地域を超えてコミュニティーが生まれます。価値ある情報を発信した個人や企業はやがて世界から認知され、地位を得ます。これはネット上のみで起こっていることではなく、すでに世界の経済・社会を形成する基本原理になっています。ソニーやマイクロソフトのような巨大企業が全世界の市場を席巻しながら、明日は他の会社にとって代わられるかもしれない。無名の作家による小説・音楽・アートなどの作品がネット上で先に評価を得て、メジャーになっていくこともあります。秋葉原が格安電気街からオタクの聖地へと変貌したのも、非営利的目的をもつ団体「ＮＰＯ」が世界的に活躍できるのも、ＩＴ社会の寄与するところです。地域社会でも、ＩＴを通じて直接に世界と交流し、アクションし、特色ある手工業や観光スポットで地位を確立する小さな町や村が、増えてきました。

この変化を別の見方では〝タテ社会から、ヨコ社会へ〟と表現します。企業内でも、〝タテ型組織から、ヨコ型組織へ〟の転換が起こっています。上から下へ、命令を速やかに伝えて全体で一方向に進む組織から、社員一人ひとりの意見を経営に反映することが可能な組織へ。今まで、社長室は別のフロア、壁で仕切られた部長席、一部署ごとに課長の席を中心に社員の机が並んでいたオフィスだったのが、部課長も交えてお互いが見渡せるような配置に「席替え」をしている会社もあるでしょう。〝固定机なし〟というオフィスも出てきました。これなどはまさしく「ヨコ型」「ＩＴ対応」といえます。

「中央集権」が組織の全員が集結して〝集団の力〟を発揮するための仕組みであるのに対して、「ネットワーク型国家」は、〝個人の個性を力として〟発揮しやすい仕組みなのです。「道州制」

は時代の要請に合った、ＩＴ対応型政治システムであるということができるのです。また、組織論として「ヨコ型組織」は中間のリーダーが生まれやすい仕組みである、とも言えます。各部門の意見が反映されるということは、そこに責任も生じるということで、ヨコ型組織内での創意工夫を出し合いつつ、それをまとめ上げ前に進んでいくためのリーダーが自ずと生まれ育っていきます。「道州制」なら、地域のリーダーが育っていけます。

そして、「道州制」のヨコ型ネットワークは変化に適応する強さを発揮します。変化のスピードが増すこれからの世界で、エネルギー供給体制の変動、通貨危機、そのほか起こりうる不測の事態に際して、内包する多様な価値観の中から適合するものをいちはやく見出して対処していくことができます。「中央集権」で国がＡという対応をしたら成果が思わしくない場合でも、各道州がＡ、Ｂ、Ｃという自分の地域に合った方法を選択できます。それがうまくいけば、Ａ、Ｂ、Ｃの政策のままでやっていけばいいし、Ｃを採用した道州だけが成功した場合は、ほかの道州もそれにならってＣの政策に転換すればいいのです。答えは必ずしもひとつではないのです。

いざ、日本の地域社会も、中央集権の部屋に閉じこもっていないで、壁を壊して、ヨコ社会の世界に直接接続し、交流を始めなくてはなりません。「道州制」が未来へと切り開いていく道が見えてきませんか？

地域の自立とこれからの地方のあるべき姿！

増田寛也（総務大臣／前岩手県知事）

これまで国や地方は、右肩上がりの経済成長が続くことを前提に、大型の公共事業を続け、いかにして最適配分を行っていくかを考えてきました。

しかし、これから先、人口は減少し、財政はどんどん厳しさを増す時代を迎えます。私たち、地方自治体は、発想を大きく転換させ、これからの時代に合わせた歳入・歳出のあり方を真剣に考え、構造から見直していく必要に迫られているのだと実感しています。

では、どのようにして時代に合った自治体のあり方を考えていけば良いのでしょう。それは決してたやすいことではありませんが、そのヒントが「現場」という言葉にあると、私は考えています。「現場」は国が持っているものではなく、地方自治体が持っているものです。このことは、これからの自治行政のあり方を考えるうえで、大きな強みになると私は思っています。「現場」を預かる自治体には、市民の声が直接聞こえてきます。それゆえ、「現場」を足がかりとした、ムダの無い、迅速な対応をとっていくことができるはずだからです。岩手県でのBSE問題に対する対応では、いち早くトレーサビリティの仕組みを導入することを検討・決定し、実行しました。行政と生産者の姿勢を速やかに消費者に示すことで、市民の信頼を獲得する方向へと動くことができた一例です。

また、これからの地方自治を考えるうえで欠かせないのが、各地域ごとの経済的自立の問題です。国からの援助を、すべて取り払っても、経済的に自立できる単位とはどのようなものなのかを、私たちは模索していく必要があるでしょう。すなわち、都道府県単位の見直しを図る「道州制」を考えていくということです。

「道州制」といっても、中央政府の出先機関を各地に増やしただけなら意味がありません。決してそうしたものをめざすのではなく、基礎自治体にも、道州にも、もっと独自性のある多様な自治形態を認めた姿を描くべきです。私は、今で言う都道府県の行政が、いろいろな地域に行くにしたがって、まだら模様のように変わっていることが本来の地方自治であり、めざす「道州制」の形ではないかと思います。

今後は、地方自治体自身の発想の転換も必要となるでしょう。遠いところでつくられた制度・仕組みに、がんばって合わせようとすれば、当然さまざまな無理や無駄が生じます。そうではなく、そこに住む一人ひとりの生活者の声を聞き、地域の財を活かしながら、地域に合った地方自治を行っていくことが大切であり、これから求められていく姿なのだと思います。経済的な自立を基礎に、一国多制度を認めた、多様な選択肢のある社会。これが私の考える地方自治のめざす姿です。

（ますだ・ひろや）

第2章

今、国も地域も大変だ

1　地域の財政が大変だ

●夕張市の破綻への道

２００６年６月20日、北海道夕張市の後藤健二市長は定例議会の冒頭で、総務省に財政再建団体の申請をする考えを表明しました。夕張市を会社にたとえれば、社長が「倒産する」と宣言した、ということです。

市が倒産？

皆さんの多くが、そう思ったに違いありません。就職活動をするときに、「将来的にも安定するなら公務員」、「親が公務員になりなさいと言う」、そんな会話をしたことはなかったでしょうか。公務員なら失業はない、自治体ならつぶれない、はずでした。けれども、破綻して財政再建団体申請を行った地方自治体は、１９７５年以降に16団体あります。１９９２年に申請した福岡県赤池町（現在、福智町）が２００１年に再建が終了したため、現在再建中の団体はゼロですが、「絶対につぶれない地方自治体」というのは、実は神話でしかなかったのです。

「夕張メロン」で全国的に有名な夕張市ですが、長い間主な産業は石炭でした。１９９０年に最後まで残っていた炭鉱が閉山されましたが、市内には鉱山で働いていた人々を十分に受け入れられるほどの産業はほかになく、人口は12万人から1・2万人に激減しました。

その後、「地元振興」や「景気対策」のためにさまざまな事業は行われましたが、ほとんどが国からの補助金によるもので、それに依存する行政体質が大きくなっていきました。とくに、観光地化をめざして「ゆうばりめろん城」や「石炭の歴史村」など、次々に目新しい施設を作った事業は赤字運営となり、市の借金をますます増やす結果となりました。また、2002年度からは、事業や給与制度の見直し・補助金の削減などを柱とした行財政正常化対策に取り組んできましたが、2004年度の人口1000人あたりの職員数は22人で道内平均の2倍以上に留まり、財政は好転しませんでした。さらに悪いことに、厳しくなった財政の穴埋め方法として、資金調達のために、市は一般金利による金融機関などからの借入を1992年度から15年間にわたって行い、単年度決算を「黒字」にみせかける粉飾決算を行っていたのです。長期の地方債の発行も厳しい中で、この一般借入金の高い金利がさらに収支を悪化させました。北海道の調査によると、夕張市の負債総額は633億円にのぼります。これは、1年間の税収である約45億円の13倍以上です。

●財政再建への厳しい道のり

財政再建団体になると、総務省の指導の下に置かれ、行政サービスにさまざまな制約を受けるようになります。それは、自治体の職員や私たち自身が、自らの手で地域を良くしようという意志・手段を奪われることにほかなりません。市は2006年度の事業について、アスベスト対策やすでに実施済みのものを除いて原則中止・縮小することを表明しました。全国的に有名な「ゆうばり国際ファンタスティック映画祭」も中止されました。市長の給与は9月から80%カットの17万2400円になりました。それでも、2005年度の一般会計決算は8億5600万円の赤字です。

14年前に破綻した赤池町の負債総額は32億円で、財政を再建するのに12年間かかりました（100頁参照）。2007年1月に発表された夕張市の財政再生計画素案では、減らすべき赤字額を353億円とし、それを18年間かけて、2024年度にゼロにするとされています。それでも負債総額の半分程度の解消に留まります。いずれにしろ、夕張市の前にはとても長いトンネルが待っているのです。

夕張市の財政再建には、赤字地方債の発行許可を含め、国や北海道がさまざまな支援策を検討しています。けれども、市民に身近な図書館や美術館の廃止、水道料金の大幅値上げが素案に盛り込まれるなど、今後の人々の暮らしの犠牲を想

表1　夕張市より実質的債務残高倍率の悪い自治体

実質債務残高倍率	都道府県	市	町村	
450.00～	兵庫県 北海道 新潟県 島根県	兵庫県芦屋市 兵庫県神戸市 大阪府泉佐野市 大阪府交野市 福岡県福岡市 北海道網走市	徳島県西祖谷山村 兵庫県北淡町 兵庫県五色町 北海道虻田町 鹿児島県十島村 兵庫県美方町	兵庫県女満別町 長野県平谷村 京都府精華町 鹿児島県三島村
400.00～ 450.00未満	徳島県 石川県 岩手県 秋田県 鹿児島県 山梨県	大阪府大阪市 千葉県千葉市 高知県須崎市 奈良県御所市 北海道夕張市	鹿児島県住用村 長崎県鷹島町 奈良県曽爾村 岩手県藤沢町 島根県津和野町 島根県海士町 高知県赤岡町 島根県奥出雲町 徳島県山城町 奈良県室生村 北海道浦臼町 北海道岩内町 奈良県野迫川村	沖縄県伊平屋村 北海道北村 福井県越廼村 大分県荻町 千葉県印旛村 北海道中頓別町 兵庫県淡路町 福岡県方城町 奈良県下北山村 長崎県宇久町
370.00～ 400.00未満	富山県 大阪府 広島県 奈良県 愛知県 山形県 岐阜県 青森県 静岡県	東京都稲城市 兵庫県篠山市 島根県雲南市 神奈川県川崎市 石川県輪島市	京都府和知町 北海道三石町 高知県吉川村 静岡県大須賀町 島根県飯南町 兵庫県東浦町 奈良県上牧町 長崎県世知原町 北海道増毛町	島根県金城町 北海道弟子屈町 長崎県崎戸町 青森県東通村 奈良県菟田野町 兵庫県安富町 長野県八坂村 福島県玉川村 島根県柿木村

夕張市　375.55

※実質債務残高倍率とは、地方自治体の一般財源の大きさである標準財政規模に対する実質的な借入金残高の割合のこと。

（総務省平成16年度都道府県および市町村決算状況調べをもとに算出して作成）

像すると悲しい気持ちになります。

● 夕張だけではない、地方自治体の財政悪化

このように、地方財政が破綻にまで追い込まれる深刻な赤字状況を呈しているのは、夕張市だけではありません。

一般会計だけの借金残高を比較すると、2004年度の決算で夕張市よりも実質財務残高倍率が悪い自治体が87団体あります（表1参照）。また、2006年度の決算で、実質収支（歳入－歳出－翌年に繰り越すための金額）が赤字の地方自治体は、都道府県・市町村を合わせて26団体あります（次頁表2参照）。しかし、このリストの中に入っていない市町村でも、安心というわけではありません。地方自治体の借金とは、一般会計・企業会計・特別会計および外部団体（第3セクターなど）の会計の合計で表されるべきものですが、残念ながらすべてを情報公開している自

表2　実質収支が赤字の 26 団体

都道府県	2団体	
	北海道、大阪府	
市町村	24団体	
	（北海道）	小樽市、夕張市、留萌市
	（青森県）	黒石市、むつ市、深浦町、野辺地町
	（京都府）	宮津市、大山崎町、
	（大阪府）	守口市、泉佐野市、羽曳野市、
	（奈良県）	大和高田市、大和郡山市、桜井市、御所市、平群町、高取町、上牧町
	（徳島県）	小松島市
	（福岡県）	大牟田市
	（熊本県）	人吉市、荒尾市

（総務省報道資料平成 17 年度市町村普通会計決算の概要より）

図 D　地方財政の借入金推移

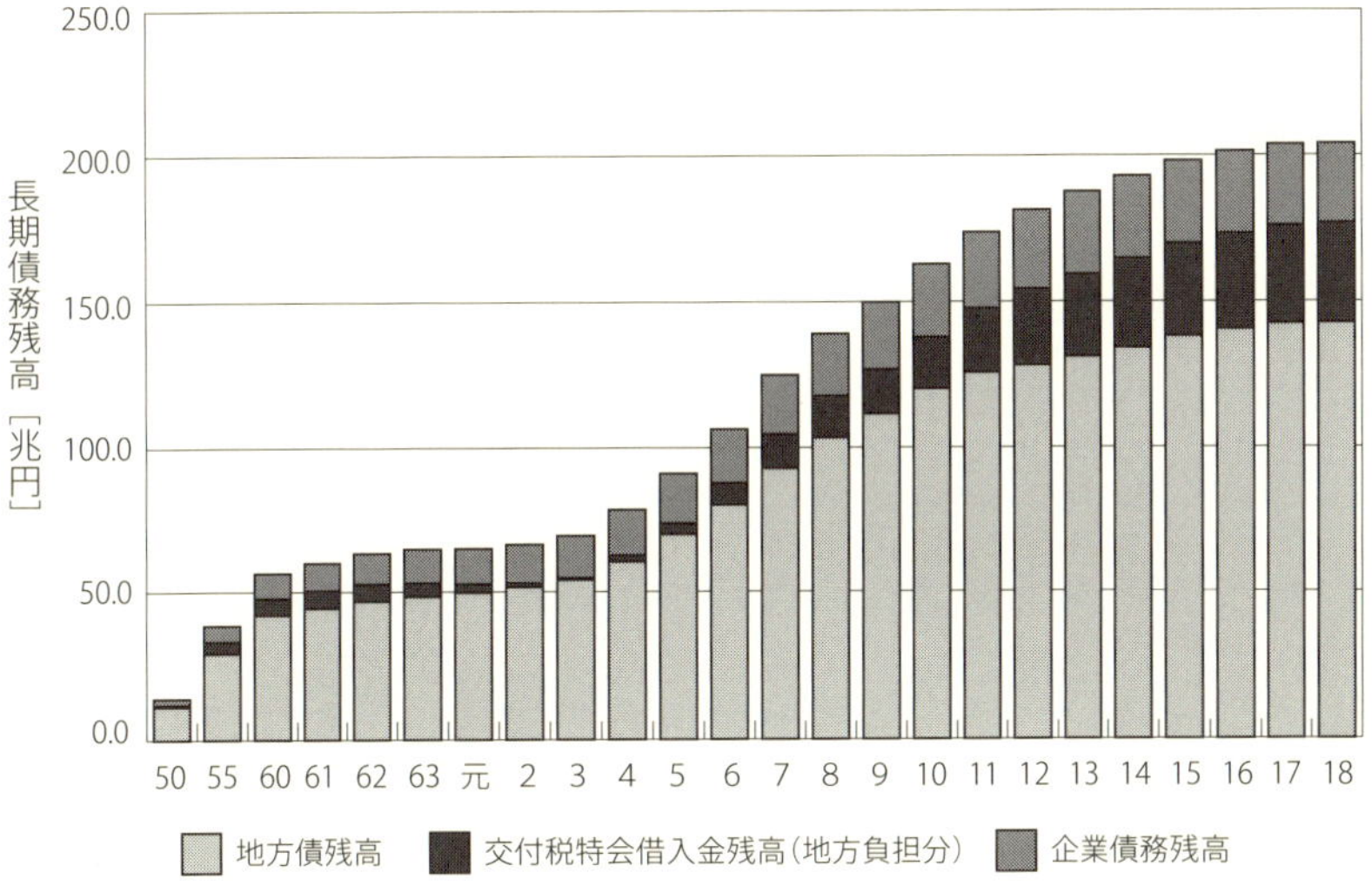

治体はわずかです。自分のところはそれほど悪くない数字だから大丈夫と思っていたら、それは一般会計だけのことで、ある日、第3セクターの赤字から地方自治体もろとも破綻、という事態も十分考えられます。そして、深刻な数字の多くが地域住民にあまり公開されていないのが現状です。私たちの町も、〝あすはわが身〟かもしれません。

もっとも、みなさんの家庭でも住宅ローンや自動車ローンを組むように、借金すること自体は悪いことではありません。地方財政法やその他の法律で認められた目的のため、総務大臣の許可（市町村の場合には知事の許可）を得て地方債を発行し、借金をすることは、地方自治体の権利として認められています。

現在の地方自治体の借金を見てみると、たとえば２００５年度の地方債の残高は２０６兆円で、同じ年の地方財政全体の計算額である83・８兆円と比べると、実に２・５倍の借金をしていることになります（前頁図D参照）。問題は、このような返しきれないほどの借金をすること、そしてその借金の実情を市民が知らないことにあるのです。

2　国はもっと大変だ

●借金大国ニッポン

地方財政の問題を最初に紹介しましたが、もっと大問題なのは国の財政です。

さまざまなところで話題になっていることですが、日本国政府の借金は膨大です。財務省によると、２００６年３月31日現在、８２７兆円にものぼります（次頁図Ｅ参照）。これは、一般会計税収（約46兆円）の約17倍です。先ほど説明した夕張市の例以上の借金の関係です（税収45億円に対して、13倍以上の借金）。国は、すでに破綻しているといえます。

なぜ、借金はこんなにも膨れ上がってしまったのでしょうか。それには、大きく３つの理由が挙げられます。

①積み重ね式・単年度予算方式の弊害

普通の家計で考えると、まずは手取り収入が20万円あり、そこから毎月の家賃や食費、必要経費を引いた額が５万円だったとすると、ほしいものはこの月々の５万円からやりくりします。貯金もしなくてはいけないから、自由に使える予算は年間20万円くらいにしようなどと決めます。しかし、収入額とは無関係に、40万円のプラズマテレビや50万円の海外旅行など、「ほしいもの」を先に決めてしまうと、それでは借金して買おうということになります。地方自治体と中央政府の予算の立て方は、このような方法で行われています。民主党衆議院議員の枝野幸男氏が**「積み重ね式予算」**と呼ぶこの考え方は、予算の出発点が収入（いくら入ってくるのか）ではなく、出費（いくら使うのか）を基準にして、「ほしいものは無

図E　国の借金推移表

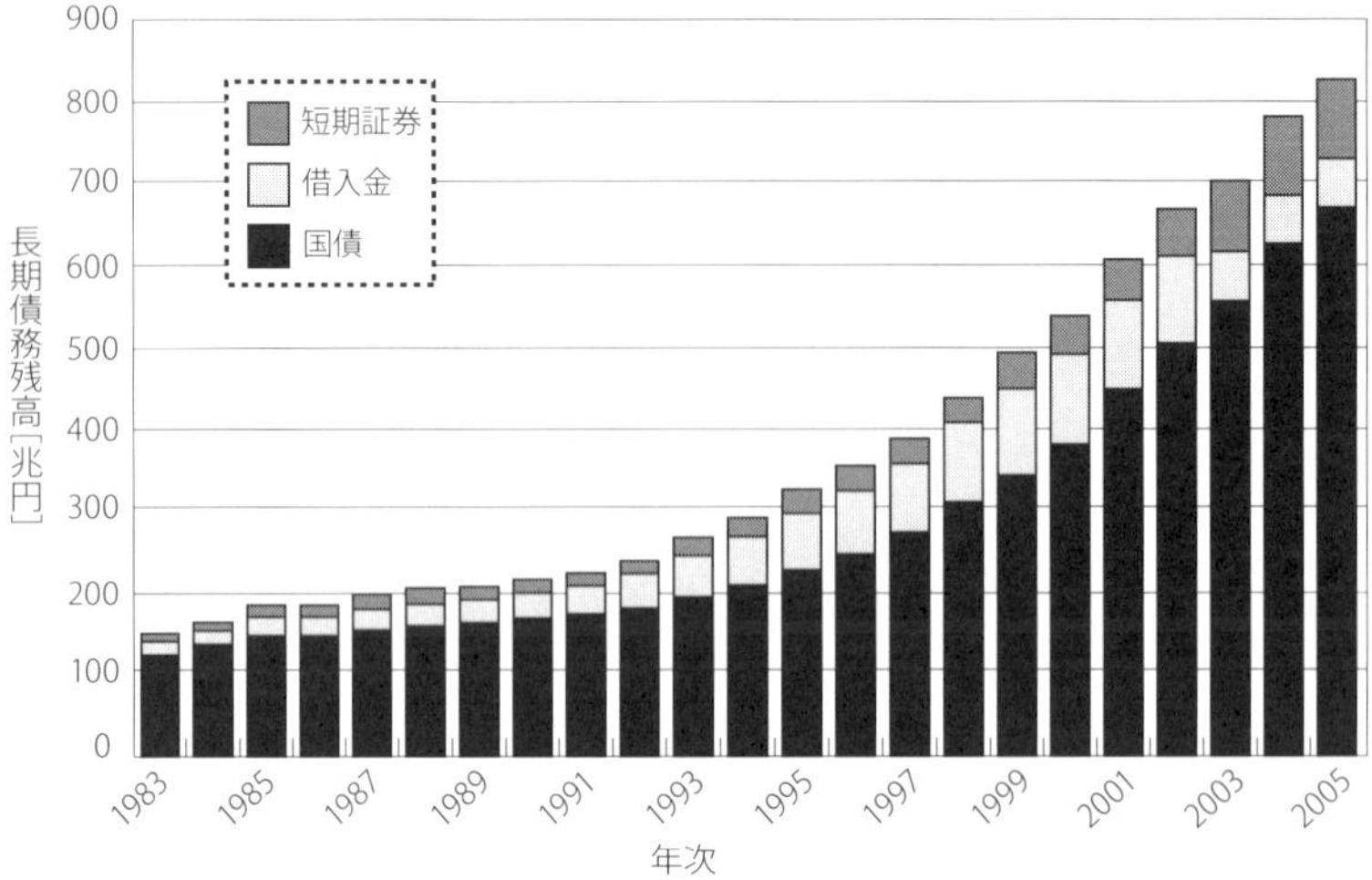

（財務省財政金融統計月報と国債および借入金ならびに政府保証債務残高をもとに作成）
※年次は年度末

制限」になってしまいます。

さらに、予算は単年度ごとに決まっているため、各年度に使い切れずに余った額を繰り越すから次年度はもっと少ない予算でいいです、と自ら申し出る部署はありません。使い切れなくなった予算は特殊法人などへの投資に回します。国の予算は、「節約する」「無駄にしない」といった、私たちがお金を使うときの普通の感覚が欠落してしまうような仕組みになっているのです。

②公共事業による景気回復の試みの失敗

１９８０年代後半から始まったいわゆるバブル経済が１９９０年代前半に崩壊し、日本の経済は一気に落ち込みました。経済のかなりの割合を行政関連の事業に頼っている日本では、今回も公共投資を増やすことで景気回復を行おうとし、すでに問題を抱えていた財政の再建を先送りしました。その結果、日本政府・地方自治体の借金はさらに膨れ上がったのです。けれどもこのような公共投資は、銀行や大手ゼネコンの負債を減少させるにとどまり、日本全体の経済は回復せず、税収増にも結びつきませんでした。

③中央集権がもたらす仕組み上のさまざまな無駄

中央政府が、地域の行政を統括するにあたり、各省庁はそれぞれ独自に予算を持ち、地域への政策を展開しています。いわゆる「縦割り行政」と言われるもので、省庁同士がお互いをライバル視して予算の奪い合いが行われ、日本政府として一貫した予算の優先順位が付けられることはありません。また、地域行政を国が管理するため、基礎自治体と都道府県と国の縦の関係では二重・三重行政となり非効率です。

●日本の予算は、どれくらい？

日本の予算は、80兆円だと思っている人が多いと思われますが、それはいわゆる「一般会計」と呼ばれているもので、社会保障、教育など国の基本的経費をまかなうものです。国家公務員の給料もここから出ています。けれども、実際には年金制度や介護保険、さまざまな事業の「特別会計」も立派に日本国の予算で、それらを合わせた総額は、実は460・4兆円にものぼり（2006年度）、一般会計や特別会計間の出し入れを考慮すると、日本の全体の予算は259兆円になります。

「経済財政運営と構造改革に関する基本方針2006」（「骨太の方針2006」）で、内閣は2011年までに国の基礎的財政収支（プライマリーバランス）を黒字化すると発表しました。これは、毎年度の予算が、新たな借金をすることなしに、税収のみで運営され、しかも余剰が出るということです。けれども、このプライマリーバランスの目標は、80兆円の一般会計を対象にしてのみ語られることが多く、特別会計の財政の仕組みを見直す方針までは出されていません。しかし、特別会計を抜きにして、日本の財政再建を考えることはあまりにもナンセンスです。私たちの知らない間に、日本の財政の大部分を占めるようになった特別会計。その仕組みについて、次に簡単に見てみましょう。

●特別会計って、何？

さて先ほど、日本の全体の予算額は「特別会計」と合わせると259兆円になると述べました。それではなぜ、私たちは長い間「日本の予算は80兆円」だと思って過ごして来たのでしょうか。それは、新聞・テレビの多くが「予算案、衆議院通過」などのニュースを流すとき、それは「一般会計が予算案として可決された」ことを報道していて、特別会計はあまり取り扱われないからです。しかし特別会計は今、一般会計よりずっと巨額なのです。

図Ｆ　特別会計の31種のお財布

特別会計全31会計

事業特別会計（25）

1 企業（1）
・国有林野事業

2 保険事業（9）
・厚生保険
・国民保険
・労働保険
・船員保険
・森林保険
・貿易再保険
・地震再保険
・農業共済再保険
・漁船再保険及び漁業共済保険

3 公共事業（5）
・道路整備
・治水
・空港整備
・港湾整備
・国営土地改良

4 行政的事業（8）
・食糧管理
・特許
・登記
・自動車損害賠償補償
・国立高度専門医療
・特定国有財産整備
・自動車検査登録
・農業経営基盤強化

5 融資事業（2）
・産業投資
・都市開発資金融通

資金運用特別会計（2）
・財政融資資金
・外国為替資金

その他（4）

1 整理区分（2）
・国債整理基金
・交付税・譲与税配付金

2 その他（2）
・石油エネルギー
・電源開発促進対策

特別会計は、国の基本的な財政について取り決めた基本法である財政法13条において、特定財源を設置して国の事業を行うよう定められている「特別」な枠の予算です。特別会計には、厚生保険や国民年金などの保険事業会計のほか、道路整備や空港整備などの公共事業、国債の返済や地方交付税の配布・管理を行う整理会計を含めて、31種類のお財布が存在しています（図Ｆ参照）。特別会計が置かれている目的は、さまざまな分野にわたり複雑化した活動の中で、受益と負担の関係が不明瞭になってしまわないよう、個別に適切な計算、整理を行うことです。たとえば、ガソリン税は道路を作るために使われますが、それはこの税金を支払う人が直接恩恵を受けることのできる設備に投資されているということです。このような税金とその使い道を一般会計とは別枠にして、〝特別〟会計としているのです。

けれども実際には、特定財源だけで事業を支えることができず、特別会計の予算が足りなくなると一般会計からの繰り入れを行い、またそれぞれの特別会計ごとに借金をしたりするなど、受益と負担を明確にするという特別会計の本質的な意義を逸脱するだけでなく、お金の流れを複雑にしています。このような仕組みのせいもあり、特別会計は近年とくに急激に増加しており、２００３年度は純計１６５兆円だった予算額は、２００６年度に２１１兆円に膨れ上がっています。一般会計の歳出を抑えようとスローガンを掲げているのに、国の予算全体は伸びてきているのです（次頁図Ｇ参照）。

図Ｇ　国家予算（一般会計＋特別会計）歳入歳出純計の推移

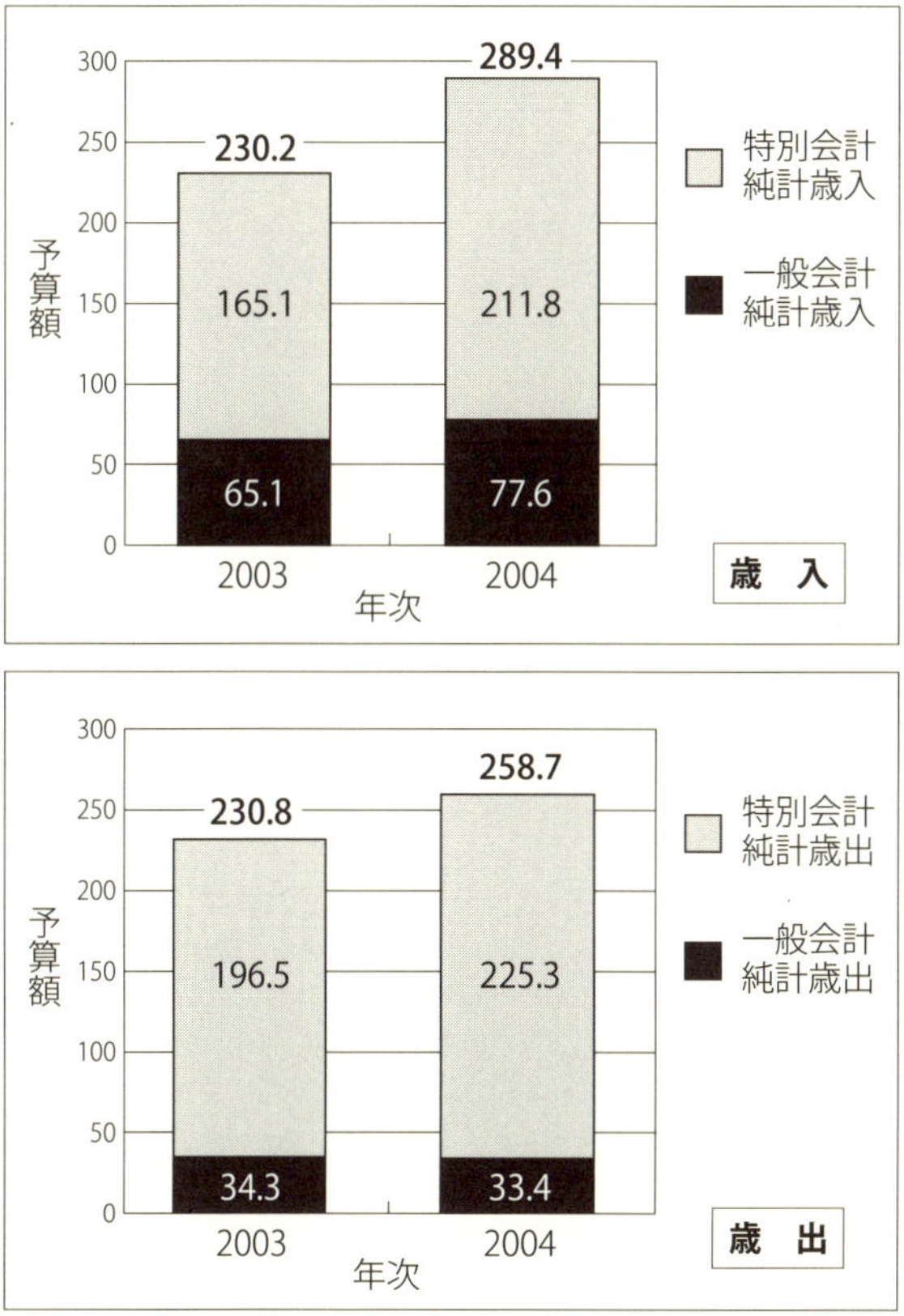

2003年度以降も特別会計の予算は増えている。

● 不透明なお財布「特別会計」

この特別会計の最大の問題は、〝特別〟なため国会での審議も少なく、使い道が不明確のまま、適切にチェックされていないということです。財務省が提供する統計資料も、そのほとんどが一般会計を対象にしたものです。実は、各特別会計の財務書類が、管轄している各省庁において作成・公表されたのは、１９９９年度以降のことです。また、国全体の財務情報を開示するため、一般会計と特別会計を合わせ、２００３年度決算分の「国の財務書類」が作成・公表されたのは、２００５年９月のことです。つまり、ほんの最近まで、国の全体のお金の動きを把握する書類は存在しなかったのです。

国民に知らされない存在であったため、私たちの監視の目から逃れ、本来の目的とは違った無駄なハコモノ事業や投資に使われ、さらにはその負債を補塡するための借入れなどが〝特別〟に行われていました。また、分野ごとに細分化した会計においては、長年の間に歳出の需要がなくなり、使い道が少なくなったものもあります。たとえば漁業者のための予算は、漁業人口が減少すれば減ります。しかしこれらは特別会計においては「余剰金」「積立金」として会計上に〝貯金〟

されていきます。これほどの赤字財政に陥っているのに、各事業部ではへそくりを貯めこんでいるということになります。

現在、政府は特別会計の改革に着手しようとしており、２０１０年を目処に特別会計の合計を3分の1程度に減らし、できるだけ一般財源に組み込む方針を出しています。また、２００４年度には43兆円にものぼる巨額の余剰金を精査し、その一部を一般会計に戻すよう取り組みを始めています。私たち自身も、「予算は何だかわからない」と毛嫌いする前に、私たちの大切な税金がどのように使用されることになるのか、理解し、監視する努力が求められています。

3　国と地域の構造がおかしい

●自治体ごとの収入にはばらつきがある

公営バス、水道・福祉・教育など、地方自治体が私たちに行っているサービスの資金となっている住民税などの地方税は、地域の人口や暮らし方によって、税収額に大きな差があります。たとえば、２００４度の都道府県税の住民一人あたりの額をランキングしてみます（次頁表3参照）。1位が東京都で、2位が愛知県、そして3位が福井県と続きます。一方低い方からのランキングでは、沖縄県、長崎県、宮崎県と続きます。東京都と沖縄の格差は約5倍で、地方自治体に直接入る税収だけでは、住民への必要なサービスがまかなえない自治体は数多くあります。足りない資金はどこから調達するのでしょうか。それが政府から割り当てられる「地方交付税交付金」（以下、交付金といいます）と呼ばれるものです。交付金は、地方税を国がいったん集めて、歳入が潤沢な地方の税金を歳入が厳しい地方自治体へ〝交付〟する仕組みです。２００６年度の予算では、この交付金をもらっていない自治体は都道府県で2団体、市町村で１６２団体となっています。全体の地方自治体の総数が１８６７団体ですから、全体の91％が、金額の大小はあれ、「資金不足」なのです（次頁表4参照）。

●交付金の課題

交付金は自治体の財源調整機能を持ち、独自の税収が少ない自治体にとって、基本となる公共サービスを市民に提供するための大切な収入源です。しかしながら、現在、交付金をめぐってさまざまな議論がなされています。地方交付税の課

表3　住民1人あたり地方税額ランキング

		団体名		住民1人あたりの地方税
都道府県	上位3団体	東京都		348,198
		愛知県		146,091
		福井県		124,686
	下位3団体	沖縄県		68,999
		長崎県		73,146
		高知県		78,990
市区	上位3団体	東京都	千代田区	302,219
		東京都	港区	301,849
		徳島県	阿南市	300,187
	下位3団体	福岡県	山田市	44,286
		北海道	歌志内市	48,580
		東京都	足立区	54,279
町村	上位3団体	福島県	檜枝岐村	1,166,696
		北海道	泊村	809,378
		愛知県	飛島村	779,331
	下位3団体	新潟県	山古志村	31,467
		鹿児島県	伊仙町	34,110
		北海道	上砂川町	35,189

出所：総務省平成16年度都道府県および市町村決算状況調べをもとに算出して作成

表4　交付金交付・不交付自治体の数（2006年）

	都道府県		市町村		合計	
交付	45	95.7%	1,651	90.7%	1,696	90.8%
不交付	2	4.3%	169	9.3%	171	9.2%
合計	47		1,820		1,867	

題にはどのようなものがあるのでしょうか。

①国と地方における、税収と必要額とのアンバランス

私たち市民が国と地方自治体に納めている税金は、３（国）対２（地方）の割合となっています。ところが、実際に使用されている額の割合を見ると、２（国）対３（地方）と逆転しています。それならば、もともと2対3の割合で税収が地方に入るのであれば、交付金などは必要ないのでは、という意見が出てきます。

地方に使われるはずの資金は、一度国のお財布を通すべきという理由はありません。ただ、財源を持つところに、権限は存在します。現在の中央集権の仕組みにおいては、国がいったん財源を集約することで、地方に対する権力を保持しているのです。道州制を含む地方分権の議論の中では、この割合を1対1にし、将来的には国対地方＝２対３にしようという意見も出てきています。

②複雑かつあいまいな算定基準

地方自治体がいくらの資金不足で、どれくらいの交付金が必要なのかは、毎年内閣府が政府に提出する「地方財政計画」によって決まります（次頁図Ｈ参照）。これは、現実にそれぞれの自治体の収支の予測を立てて計算したものではなく、一

図Ｈ　交付金の決定と配分の仕組み

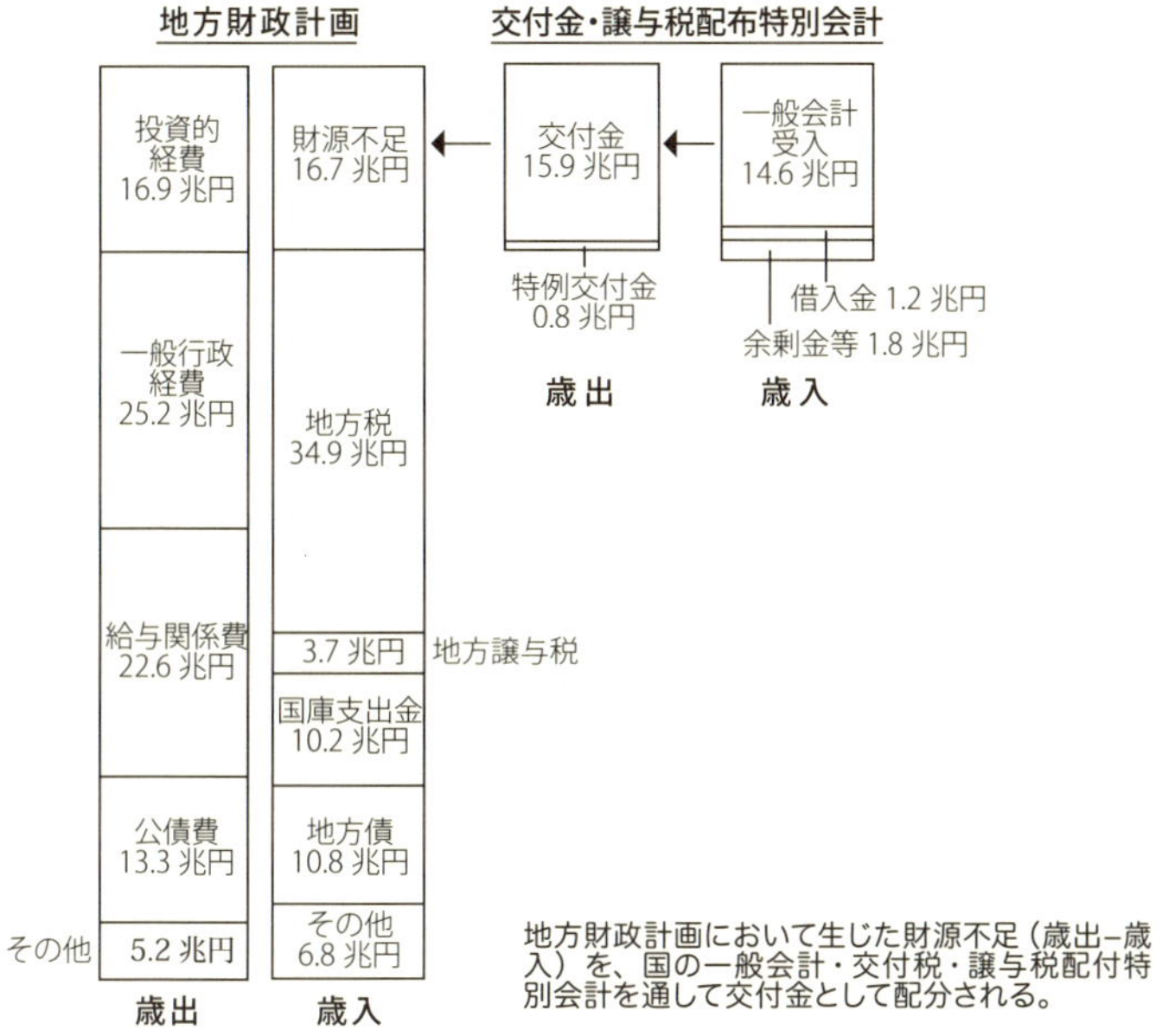

地方財政計画において生じた財源不足（歳出−歳入）を、国の一般会計・交付税・譲与税配付特別会計を通して交付金として配分される。

定の前提と方法によって計算されたものです。たとえば、交付金の94％を占めるものに普通交付税があります。これは、とくに使用目的は限定されず、配付されるものです。その額は、【普通交付税額＝財源不足額＝基準財政需要額－基準財政収入額】という計算から算出されます。「基準財政需要額」は、モデル自治体を想定して、各行政分野について妥当な経費と考えられるものを積み上げて計算された額です。また、「基準財政収入額」も、その自治体の標準的な収入として算出されるもので、前年度の実績や国税統計など客観的な統計資料を使って計算されます。したがって、財源不足とされている金額はあくまでも政府の考えた推定であり、自治体が「不足である」と政府に要求したものではありません。また、本当にその額が不足なのか、不足だとしても、自治体の努力によってどうにか乗り越えることができないものなのかなど、実際の自治体運営に照らし合わせて調整されることはありません。

また、基準財政需要額を算出する際に用いられる経費の基準が高めに設定されている、という指摘もあります。現在、この不透明な交付金のあり方を変えようと、「新型交付税」の導入が検討されています。新型交付税は都道府県の人口と面積から単純に算出されます。算出方法は明確ですが、この仕組みを当てはめると、現在の交付金が減額される自治体が出たり、神奈川

表5　交付金への依存が高い自治体

区分	順位	都道府県	市町村	交付金率
都道府県	1	高知県		34.17
	2	鹿児島県		32.42
	3	岩手県		31.88
	4	長崎県		31.87
	5	鳥取県		31.77
	6	佐賀県		31.58
	7	和歌山県		31.51
	8	沖縄県		31.35
	9	大分県		31.27
	10	宮崎県		31.24
市	1	北海道	三笠市	47.11
	2	熊本県	牛深市	47.01
	3	北海道	歌志内市	46.56
	4	長崎県	壱岐市	44.91
	5	宮崎県	串間市	44.81
	6	青森県	つがる市	44.65
	7	北海道	深川市	43.55
	8	岩手県	遠野市	42.56
	9	北海道	芦別市	42.47
	10	新潟県	佐渡市	42.27
町村	1	新潟県	山古志村	73.43
	2	北海道	熊石町	64.65
	3	北海道	積丹町	64.32
	4	岩手県	山形村	62.77
	5	長野県	清内路村	62.56
	6	島根県	知夫村	61.70
	7	北海道	島牧村	61.03
	8	北海道	初山別村	60.91
	9	長野県	中条村	60.88
	10	北海道	幌加内町	60.61

県など人口の多い県が増額になる可能性も出てくるため、島根県の澄田信義知事などは大変強く反対しています。

③地方自治体の自主性の妨げ

交付金は、地方自治体にとって貴重な収入源である一方、自主的な予算管理を妨げる要因ともなっています。先ほども述べたように、全体の91％の自治体が交付団体であり、自治体が交付税をもらうのは当然のこととして受け止められ、実際には交付金無しでは成り立たない自治体も多くあります（表5参照）。

また、原則は使い道が自由である交付金での補塡を前提に、各省庁が地方自治体に対して政策を進めさせようとすることがあります。その例が「平成の大合併」の際に定められた「合併特例債」です。これは、地方自治体が合併をする際に必要となる経費のために発行する地方債（借金）のうち元利償還金の70％分を国が将来の交付金で保障すると、「市町村合併の特例に関する法律」（いわゆる「合併特例法」）で定められたものです。これによって、地方自治体は合併の際に安心して借金を重ねました。しかしながら、現在交付金の総額は減らされてきており、また、そもそも借金であることには違いなく、苦しい財政状況に陥ってしまった自治体も少なくありません。国のこのような政策に多くの自治体が翻弄され、自主的な決定を放棄し国への依存体質を強めてしまっています。さらに悪くすると、「自立的な自治体」をめざすことを躊躇する傾向もあります。地方の自立の仕組みである道州制に反対する意見の中には、交付金無しの自治体運営は不可能であるというものもあります。

●補助金の課題

国から地方自治体へ流れる資金は交付金のほかにもうひとつ、「国庫支出金」があります。国庫支出金を大別すると、「国庫負担金」と「国庫委託金」と「国庫補助金」があります。2006年度予算では、国庫支出金の総額は10兆2015億円であり、これは地方財政計画の歳入の12・3%にあたります。これらを総称して「補助金」と呼ばれています。補助金は国が地方の事業を資金的に支援する仕組みですが、次のような問題点が指摘されています。

①地方自治体の自主的な運営の妨げ

補助金が使われる事業を実際に運営するのは地方自治体ですが、その費用の一部を国が負担するかわりに、さまざまな条件が国から課されています。たとえば公立学校の運営では学級編成や教師の配置などに制約があり、地方のそれぞれの状況に即した運営を行うことができません。公立の保育園事業なども同様です。

また、国に対して補助金を申請する自治体側、補助金の額や配分を決定する国側双方の事務手続に人員や経費がかかること、事務処理・事業決定に時間がかかることも大きな問題になっています。このプロセスに便宜を図ってもらおうと「官官接待」が行われている、と指摘されることもあります。

②地方経済の公共事業依存体質と政治家利権

とくに「公共事業費国庫負担金」（公共事業に関わる補助金）にこの問題が大きく現れています。恒常的に出費の額がほぼ決まっている義務教育費や生活保護費などと違い、公共事業は国家的な視点から総合的に計画されるものです。地方自治体が道路や河川の工事、大きな施設を建設するために、国の予算からどれだけ引っ張ってこられるかが、政治家の地方での評価を決める判断材料とみなされ、必要な事業の資金を分け合うという本来の趣旨からは遠いものとなってしまっているのです。

表6
県内総支出に占める公的支出の割合が高い都道府県

都道府県	行政最終消費支出＋公的固定資本形成計／県内総支出
沖縄県	42.66
高知県	42.39
島根県	42.35
長崎県	37.64
秋田県	37.55
鹿児島県	37.32
青森県	37.28
鳥取県	36.99
宮崎県	34.38
北海道	34.33
山梨県	33.72
徳島県	33.72
岩手県	32.63
熊本県	32.16
佐賀県	31.54
和歌山県	31.18
山形県	31.07
奈良県	30.79
愛媛県	30.64

（内閣府平成15年県民経済性計算をもとに算出）
※行政最終消費支出とは、行政が支払う消費財や人件費などの合計

結果、地方経済は公共事業に大きく依存する傾向が定着してしまいました。２００３年度の全国経済性計算をみても、行政が行う公共事業と行政の支出が県内ＧＤＰの30％以上を占める都道府県が19もあります（表6参照）。

③地方自治体の「補助待ち」

そもそも個々の自治体に入る税収が低く抑えられている現状では、自治体は事業を行うための資金を、交付金や補助金に頼らざるをえません。交付金が基本的に使用目的が限定されない一方、補助金は使用目的や条件が限られているため、本来必要な事業でも、補助金がつかなければ着手しないという「補助待ち」の傾向が自治体には現れています。逆に、本当はその自治体にとっては必要のない事業かもしれないけれど、たまたま条件が合ったので補助金をもらい着手する、という例も見られます。

ところが、このような事業は中央政府の視点で考えられ、使途も細かく決められているため、地方固有の問題を解決できるとは言えません。にもかかわらず、「お金が出るので」という理由で事業を行ってしまうのです。

このように、補助金は国の側にとっては、地方を指導するための強力なツールであり、自治体の側は国への陳情には行くが、自ら政策を決定することはなくますます自主性を失ってしまいます。この補助金の弊害を改めようと、民主党などが「まず補助金を全面廃止して一括交付金に」と政策提言しています。

● 国と地方、それぞれの問題構造がある

以上見てきたように、国と地方の財政の仕組み自体に、財政赤字を生む問題点が挙げられます。

国の財政には

・縦割り行政

・不透明な特別会計

・積み重ね予算

・自ら減らすことのない歳出

などがあり、さらに、地方の財政には、国と同様な予算構造上の問題に加えて、

・公共事業に頼る地域経済

・国に依存し、国の指示待ち、補助待ちの姿勢

といった自立を妨げている問題が挙げられます。

このように、国と地方の関係においては、無駄を生じさせる構造、どちらも責任をとらない構造、そして依存体質になりやすい構造があります。これらは、中央集権という仕組みの中に組み込まれています。これを改めなくては財政問題が解決できないということはすでに知られ、政治の側も改革に着手しています。

それでは、中央集権体制を改めて地方分権的に改革するという流れが今までどのように進んできたかを、次にみていきましょう。

4　改革は迷走する

●地方分権改革のこれまでの流れ——地方分権一括法と市町村合併

１９９０年代以降、地方分権的な改革の必要性を訴える声が政治に取り上げられるようになりました。改革機運が高まりを見せていた１９９３年、衆参両院において全会一致で採択された「地方分権の推進に関する決議」から、現在につながる地方分権改革が動き始めたと言えるでしょう。

同決議の直後には政権交代が起こり、野党連立の細川内閣が発足、同内閣は「政治改革」の名のもと、各種の改革とともに地方分権を重視し、「地方分権に関する大綱」の作成をめざしましたが、これは羽田内閣・村山連立内閣を経て１９９４年にようやく閣議決定されました。

１９９５年には、「地方分権推進法」（５年間の時限立法）が成立しました。この法律により、政府は地方分権推進計画を作成する義務を負い、地方分権推進委員会が発足、ここでの５年の準備を経て、１９９９年、「地方分権一括法」が成立しました。ここで、国と地方との関係を整理し、地方は国に従属する機関ではなく、**国と地方の行政府は対等であるということが改めて確認**されたことに最大の意義があり、その後の三位一体の改革へとつながっていきます。内容としては「機関委任事務」（国の事務を地方自治体が行うこと）や、国からの「通達」の廃止などがありました。

また、この間、市町村合併が推進されてきました。とくに１９９９年に「市町村合併特例法改正」や「市町村合併の推進についての指針」が出されて以降、合併の流れは加速しました。国が合併市町村に対し、合併特例債や交付金の優遇措置を定め、半ば強制的に市町村合併を推進したのです。〝合併は地方分権の受け皿としての地方自治体の体制を整えるために必要〟と標榜されていますが、国としては、地方財政の悪化への対処として、合理化・効率化が不可避であったということが実情です。ともかく、この市町村合併によって、1999年3月末に3232あった市町村は、2006年10月1日には1819まで減少しました。

●小泉内閣の新体制

2001年に発足した小泉内閣は、「聖域なき構造改革」「改革なくして成長なし」を基本方針に据え、財政再建に本格的に取り組みを始め、首相官邸直属機関としての「経済財政諮問会議」の機能を強化しました。メンバーは改革に関わる閣僚、財界トップ、日銀総裁、学者らで、この機関で毎年「経済財政運営と構造改革に関する基本方針」（いわゆる「骨太の方針」）を発表、この中で財政の再建から今後の社会保障、グローバルな経済戦略、〝官から民へ〟の改革などまで、対応を迫られている日本の重要課題に対する基本方針を示しました。法案準備や諸改革はこの方針に基づいて進行するという体制を整えました。それまでの政治的意思決定は大まかに言って、各省庁発案に始まり、与党・内閣とのやりとりを経て国会に提出されるというものでしたが、小泉内閣では、まず最初に経済財政諮問会議と内閣府から発案したものを各省庁、与党へと持っていくという内閣主導の方法をとりました。これは日本の政治にとって新しい手法で、注目され期待も集めました。そして、この体制のもとで、**はじめて本格的な地方分権への改革が始まりました。それが、「三位一体の改革」です。**

●足かけ5年かけた、三位一体の改革

「骨太の方針」で、国と地方の財政がどちらも再建の対象とされ、「地方にできることは地方に」とのスローガンのもと、2002年より**三位一体の改革**が開始されました。2003年の「骨太の方針」には、「地方の権限と責任を大幅に拡大」「地方が自らの支出を自らの権限、責任、財源で賄う割合を増やし……」などと記載されました。さらに2004年同方針では、「地域主権」の言葉とともに、「地方分権の更なる推進」がうたわれています。この改革では、「地方交付税の見直し」「補

助金の削減」「国から地方への税源移譲」の3つをまとめて行うということで、俗に「三位一体の改革」と呼ばれるようになりました。

改革の当初より、小泉内閣は地方6団体（首長の連合組織である全国知事会、全国市長会、全国町村会の3団体〔執行3団体〕と議長の連合組織である全国都道府県議会議長会、全国市議会議長会、全国町村議会議長会の3団体〔議会3団体〕）を主役のひとつと位置づけて議論を重ね、地方の意見を取り上げる姿勢をとったため、地方の側はこの改革に大いに期待を寄せました。2006年、小泉内閣退陣を前に第1次三位一体の改革は終結しました。小泉内閣は、国から地方への3兆円の税源移譲があったことなどを評して、一定の成果があったとしています。

しかし、地方の側にとっては不満な結果だったようです。地方6団体は、2006年6月、「地方分権の推進に関する意見書」の中で、「3兆円の税源移譲が実現したとはいうものの、そのための財源を生み出すために必要だった多くの国庫補助負担金の廃止は見送られ、国の強い関与を残したまま国の補助負担率を引き下げる手法が用いられ、地方の自由度の拡大という点では不十分」、と表明しています。この、地方からの評価はざっと読んだだけでは、かなりわかりにくいものですが、具体的には、どういうことでしょうか。

●地方分権的改革の目的とは

どのくらいの成果があったのかを具体的に検証するにあたり、地方分権的改革の目的をもう一度整理しておきます。

①財政赤字削減……まずは最大のテーマが財政再建ですから、財政の赤字構造の改善です。これは、歳入を多くする、または歳出を削減するというふたつの方法によって、収支バランスのマイナスを減らす、目標値としては赤字をゼロにして収支均衡にするということです。歳入を増やすには増税が手っ取り早いですが、これは通常改革とは呼ばないので、歳出費目を見直す、歳出金額を抑制する、などの〝歳出削減〟をすることになります。

②政府のスリム化（民でできることは民へ、小さな政府へ）……次に、公共サービスとして行っている政府の業務を民

営化していくなどの方法で、政府の財政規模を小さくすることです。①との違いは、歳出を削減すると同時に、業務が減るということです。

③地方分権化（地方でできることは地方へ）……地方分権は、中央政府から地方政府へ財源や権限が移転するということで、次頁図―のように、相対的に地方の役割が大きくなることです。ただし、単に数字の計上先が地方に付け替えられただけ、形式的な事務が移っただけ、ということもありうるので、これについては、数字だけでなく内容を見て判断する必要があります。

ひとつの改革を行うとき、①から③の方向性は、同時に達成されることが多いのですが、それぞれ独立した目的と方向性をもっているので、3つを分けて指標として見るとわかりやすくなります。

●三位一体の改革の成果はどのくらいあったのか？

それでは、三位一体の改革はどうだったでしょうか。三位一体の改革の目的は、以下のとおりです。

- ・地方交付税交付金の見直し
- ・補助金の削減
- ・国から地方への税源移譲

地方財政の歳入の交付金・補助金を削減するかわりに国の税源を移譲するから、今まで国からもらったお金でやっていたことは、自主税源をもとに地方の裁量で行えるようにしようということで、これは地方分権という目的にかなった改革となるはずでした。２００３年に着手し、２００６年までに段階的に改革を推進し、その結果として、

交付金削減　約５・１兆円
補助金削減　約４・７兆円
税源移譲　　約　３兆円

図1　改革の目的は3つある

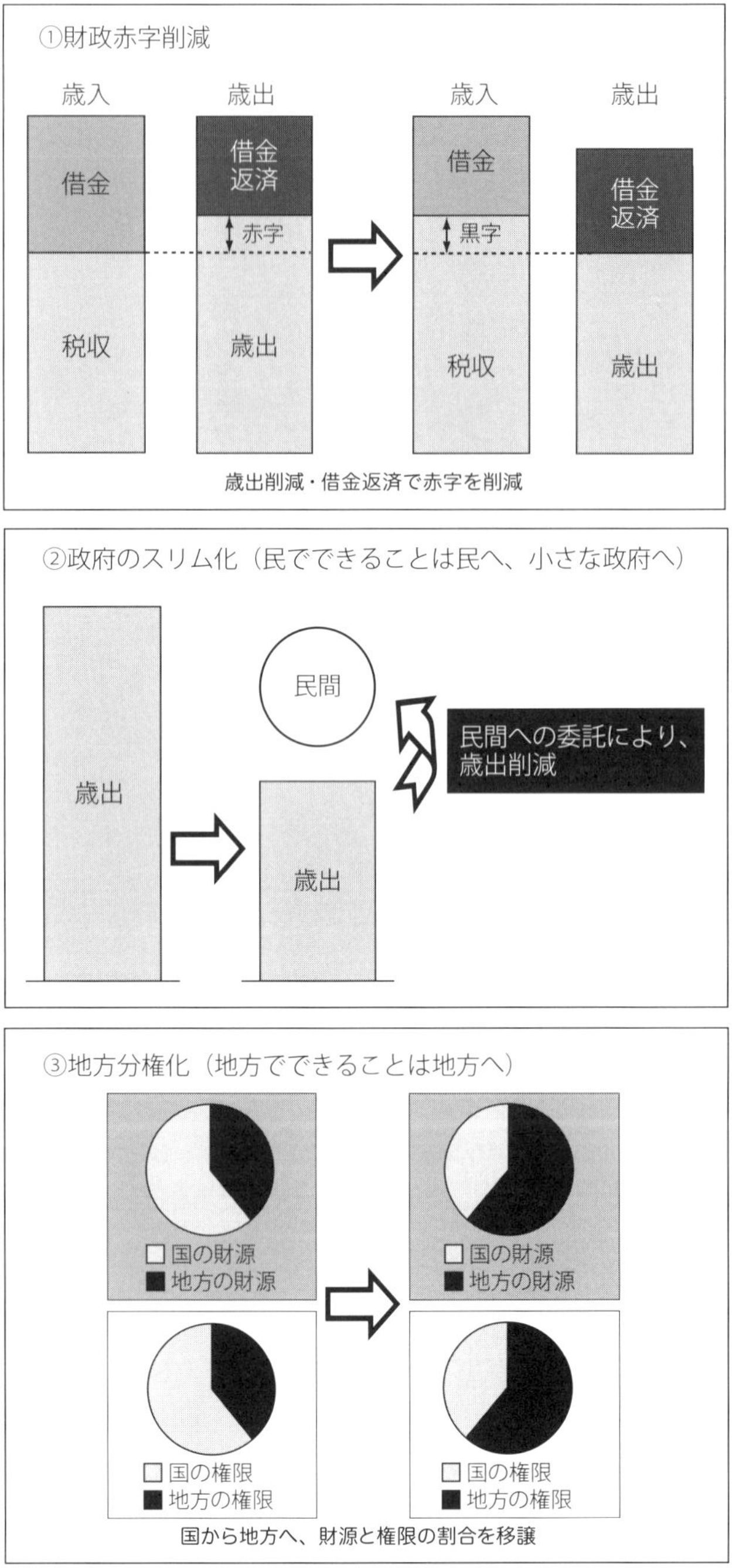

となりました。税源移譲3兆円は個人所得税の国税と地方税の割合を移転することで実現しました。しかし一方で4・7兆円もの補助金が削減され、その補助金分は自主財源でまかなってくれということです。単純に差し引きすれば地方にとっては6・8兆円（4・7兆円＋5・1兆円－3兆円）の削減ですが、国も地方も財政再建しなければならないのですから、厳しい引き締めの方向で改革が行われることはやむをえません。肝心なことは、苦しい状況の中でも地方が裁量を発揮でき

表7　三位一体の改革の成果（◎国、○地方、☆は5点満点）

	三位一体の改革	
財政再建の効果	★★☆☆☆	国の財政再建効果は6.8兆円あった。 しかし地方の財政はますます厳しくなった。 両方を合計した場合は効果はあったといえるが……。
小さくて効率的な政府への効果	★☆☆☆☆	交付金を総額で削減しているので、政府のスリム化効果は5.1兆円。
地方分権への効果	―（マイナス）	正味の税源移譲は約1兆円。 一方、国の関与度は保たれ、むしろ強くなった面もある。

る権限が増えたかどうか、ということです。

実は、児童手当、介護給付費などの補助金について国の負担率の引下げが行われ、3兆円の税源移譲額のうち約2兆円は補助金削減にともなって増大した地方負担の補填に充てなくてはならなくなり、地方の自主性の拡大に結びつきませんでした。地方の裁量で使える金額は1兆円（3兆円－2兆円）です。地方は「お仕着せの財布は6・8兆円減らすから、そのかわり自由に使える1兆円で何とかやりくりしてくれ」と言われてしまったわけで、これはいくらなんでも、財政的に相当厳しいものです。また、国庫負担率は引き下げられても国の関与は残しています。したがって、負担率が低くなるということは、国は少ない予算で以前と同等の権限をもつということであり、相対的に国の関与する権限が大きくなることを意味しています。したがって、地方分権が進んだとは言いがたく、むしろこの点をもって、地方分権的には後退があったと言うべきなのです。

以上をふまえ、三位一体の改革の成果を整理すると、**表7**のようになります。

国の側から見ると、補助金・交付金とも歳出が抑制できたので、**国の財政再建にとってはかなりの成果があった**、ということができます。地方分権の目玉的大改革にもかかわらず、肝心な地方分権への効果はどちらかといえばマイナスであるということですから、先のような、地方の側からは大いに不満、という表明が出てくるわけです（参考：宮脇淳「地方分権議論の真姿と方向性」広島県地方分権懇話会議事録 http://www.pref.hiroshima.jp/soumu/seisaku/bunken/konwa/pdf/giji.pdf）。

● 三位一体の改革の目標達成度はどの程度か

三位一体の改革では、当初「地方にできることは地方に」という地方分権推進の明確な目標を掲げていました。にもかかわらずそれがあまり進められなかったことになります。先ほどの「改

図J　三位一体の改革の目標と達成度

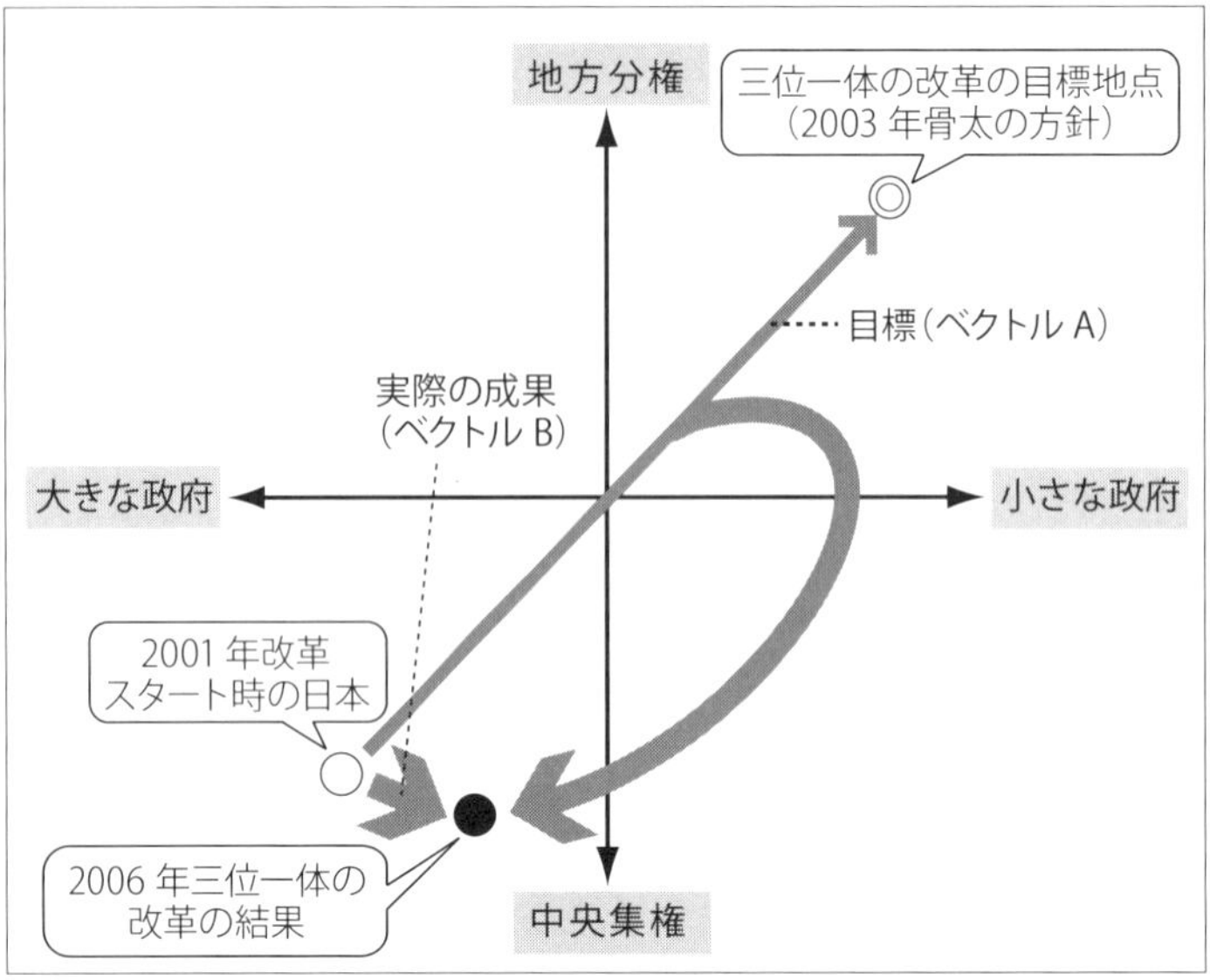

三位一体の改革は、目標に遠く及ばない結果であり、地方分権的にはやや後退。

革の目的」で挙げた3つの指標のうち、「①財政の再建」は誰からみても再建する必要があり方向性が明らかなので、この指標を除いて、あと2つの「②小さな政府へ」「③地方分権へ」という方向を座標軸にとって考えてみましょう（図J参照）。

まず日本の現在の位置は、中央集権的で大きな政府のところにあります。改革前の時点から、まず目標地点が定められました。目標としていたのは、【国から地方へ】と【小さな政府へ】という方向を同時に進めることでした（「目標」のベクトルA）。しかし5年後の結果は、最初の到達目標には達しませんでした。そして、その内容をみると、国から地方への方向は進まないばかりかやや後退、という結果になったのです（「実際の成果」のベクトルB）。

三位一体の改革は、

・全体として、目標としていた地点よりは小さい成果だった（図の中のベクトルの大きさが目標よりも実際は小さくなった）

・その中身としては、小さな政府にする方向は少し進んだ。しかし、地方分権への方向は進まず、むしろ後退の面もあった（ベクトルの向きが、右上方向に向けられるはずが、真横からやや右下になった）

ということが見て取れます。

財政再建、政府のスリム化については、少しは効果があった

表8　市町村合併の成果（◎国、○地方、☆は5点満点）

	市町村合併	
財政再建の効果	☆☆☆☆☆	地方自治体の財政の合理化・効率化に一定の効果があったといえるが、合併特例債の負債額増加でプラスマイナスゼロ。
小さくて効率的な政府への効果	★★☆☆☆	スケールメリットにより効率化に効果があった。
地方分権への効果	☆☆☆☆☆	地方の自由度については変化がなく、合併だけでは地方分権は進まない。

といえますが、地方分権への改革だけが置き去りにされているのです。

● 市町村合併は地方分権を進めたか

小泉政権ではこのほかにも、地方分権に関わる改革が行われています。そのひとつ、市町村合併について、同様に考えてみましょう。市町村合併は以前より推進されてきていましたが、小泉政権の5年でさらに急速に進みました（表8参照）。

市町村合併は、地方自治体の財政再建には一定の成果をもたらしました。それが地方分権改革へつながるということはできますが、市町村合併自体が地方分権的効果をもたらすことはありません。特例措置などで急激に市町村合併を推進したために、必要性や理念を各自治体が論議しないまま駆け込みで合併してしまうような状態が起こっていて、このような市町村が業務をスリム化し、以前より強い自治体として動き出すまでにはもう少し時間がかかりそうです。また合併促進策の「合併特例債」発行に伴い、市区町村は火急に必要ではない公共事業での借金を積み増したとの見方もあり、この点で財政再建効果はマイナスとなり、合併による合理化でのプラスを打ち消して効果はゼロとみています。

● 構造改革特区は、地方分権推進に役立った

ほかに、小泉内閣の改革メニューのひとつに構造改革特区がありました。これは、内閣府による規制緩和の改革です。ある地域で国の規制を特例としてはずし、この地域を「構造改革特区」として運営してみるものです。構造改革特区メニューはあらかじめ広く民間からも募集し、「株式会社の農業参入・病院経営参入」「学校のカリキュラムの弾力化」「酒類製造規制の緩和」などが挙げられました。地方自治体はその特例措置のうち、自らの地域で運用したいものを内閣府に

表9　構造改革特区の成果（◎国、○地方、☆は5点満点）

	構造改革特区	
財政再建の効果	★☆☆☆☆	地方自治体の財政再建に長期的には効果がある。
小さくて効率的な政府への効果	☆☆☆☆☆	現状のように国に1件ごとに許可を受けていては効率的でない。
地方分権への効果	★★☆☆☆	地方が独自の政策を展開する端緒として効果があった。

申請し、認定されれば特区となります。成果については評価委員会が評価し、結果が良ければ規制そのものを撤廃し、特区をやめて全国展開するものもあります。２００６年秋までに８７８の特区を実現しました。

構造改革特区は、地方分権的な改革を待たずに、地方の裁量でまずやってみて成果を検証してみることが有意義であり、結果が良ければ特区のみではなく全国的に規制を撤廃するという、地方から率先して国の規制緩和を働きかけるものでもあります。この点で、小泉内閣の改革の中では地方分権的な効果があったものと評価できます。しかし、特区の規制撤廃の対象が法律による規制に限られ、実際には政省令や行政指導でなされている国の規制の多くが特区の適用外であること、また、特区メニューが縦割り行政の枠組みの中で省庁によってひとつずつ判断され個別に許可されることなど、運用面の限界もあり、地方分権への影響力を大きく持てません。現状では全国的な地方分権改革への流れへとつながっていないことが残念です（表9参照）。

●小泉内閣で地方分権は進んだか

以上を総合して考えると、地方分権的な改革も少しは進んだといえます。積極的な評価として、以下のようなことがあげられます。

・従来と違う内閣主導体制のもと、経済財政諮問会議が示す「骨太の方針」で地方分権がはっきりと示された。これにより、あとに続く内閣も地方分権を推進する流れが定まった

・三位一体の改革そのものの成果は、地方分権的には厳しいものだったが、国と地方のあり方を改革する体制が整った。第2次三位一体の改革に期待がもてる

・構造改革特区では一定の成果があった

図K　小泉改革で地方分権は進んだか

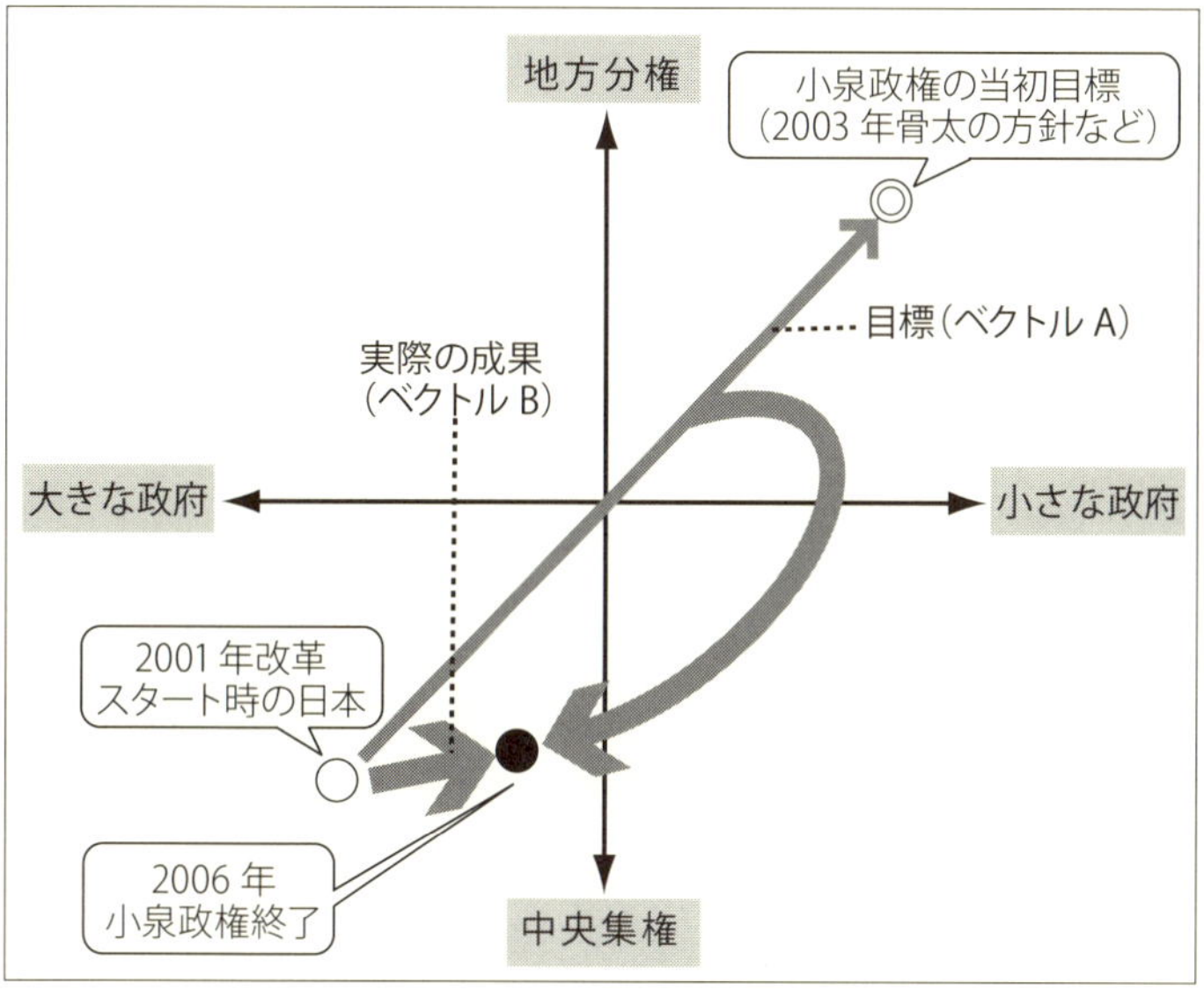

小泉改革で改革は少し進んだが、目標としていたのには遠く及ばない。

・市町村合併、三位一体の改革、構造改革特区などの地方分権に関わる一連の改革を通して、各地域、自治体が「このままではいけない」という自覚を高め、自ら財政再建やまちづくりに努力する気運を高めた

次に、小泉内閣の改革全体を、三位一体の改革と同じ座標にとらえてみましょう（図K参照）。小泉内閣の改革は、

・全体として、今までよりは改革を進めることができた
・しかし、到達目標よりは小さい成果であった
・内容でみると、財政再建、政府のスリム化には一定の成果があったが、地方分権への方向ではさらに小さい成果にとどまった

ということができます。

つまり、一定の成果はあるものの十分とは言えず、財政再建への道のりは遠いこと、そして改革の中でも地方分権への改革の歩みはきわめて遅いことが見てとれます。

●地方分権が欠かせない理由

財政再建と政府のスリム化のふたつが強力に推し進められながら、地方分権への改革が進まなかったとしたらどうなるでしょうか（次頁図L参照）。

政府は2011年にはプライマリーバランスを回復するとい

図L　もし地方分権が進まなかったら

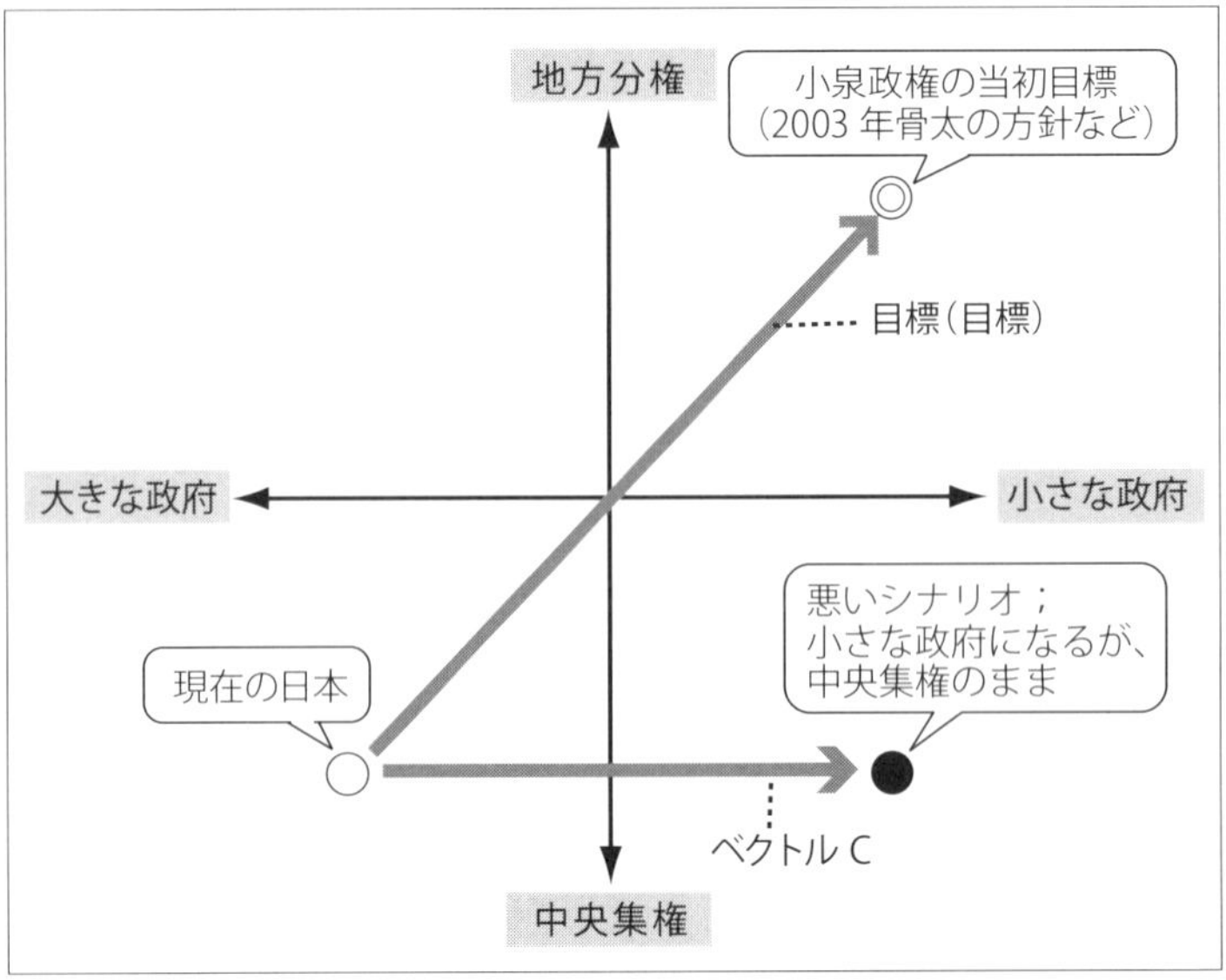

ベクトルCのように、地方分権なく改革が進んだら、地域の活力は奪われたままに。

う目標を掲げています。増税を含む財政の改革と公のサービスを削減する政府のスリム化により、仮に、地方分権を進めなかったとしても〝財政の黒字化〟という目標達成は可能かもしれません。しかし、そのとき地域の姿はどうなるでしょうか。

政府自体はスリム化し、「小さな政府」となりながらも、依然として地方への強い主導権を握っているということになります（ベクトルC）。公共サービス、補助金や交付金は現在よりもずっと削減されているはずです。しかし、自治体は地域の実情に合わせてそれを補うような独自の公共サービスや福祉政策、産業振興政策をとることができません。これでは地域の活力が奪われたままになってしまいます。

このような事態は日本政府にとっても大きなマイナスになります。地域の自立・活性化がなければ地域の成長はなく、地域の住民の所得は圧迫されて所得税・消費税とも税収は伸びません。歳入は増えず、ますます緊縮財政をとらなくてはならない、悪くすればさらに増税もある、という負のスパイラルが生じます。第1章でも述べたように、地方分権を進め、地域の活力・競争力をつけることは、国にとっても欠かせないことなのです。

●地方分権はなぜ進まないのか

さて、日本政府にも地方自治体にもその必要性は十分認識されているのに、そしてその緊急性もわかっているのに、なぜ地方分権への改革は進んでいないのでしょうか。

その原因は3つ挙げられます。

①組織の〝自己改革〟は難しい

古いマンションをリフォームするのは大変で、新築するほうがずっと早いし、費用も安くすみます。今の地方分権への改革は、耐用年限を過ぎた古い団地に住人が住み続けたまま、外の壁を直したり、配管を修理したりしているようなものです。こっちの亀裂を修繕しようとすれば、そこの住人が騒音がうるさいから後回しにしてくれと言う。水道管を取り替えようとすれば、うちが断水して困るという人もいる。外側から見えない、壁の内部が腐っているところは、修繕したくてもなかなかそこまで手が届かない、といった状況です。国と地方の構造を今までどおり維持しながら改革しようとしても、根本的なところに手が届きません。

②都道府県が受け皿として必ずしも適していない

地方分権を進めるなら、国の権限を都道府県へということになりますが、第1章でも触れたように、各都道府県の大きさはさまざまな権限をもつにはやや小さいのです。すでに改革の現場や政策論議の場では、国のもつ大きな権限を地方に移譲するためには、都道府県をまとめた広域連合、それをもっと推し進めた道州制が必要だという議論が起こり始めています。

③議論に国民が不在である

最後に、最も重要な点は、議論への国民の参加があまりにも不十分であることです。現在の諸改革は国の未来を決定づける重要なもので、その中でもとくに、地方分権は地域の未来のために重要です。私たちが住みたい、こうなってほしいと願う社会の実現のために、欠かせない改革なのです。

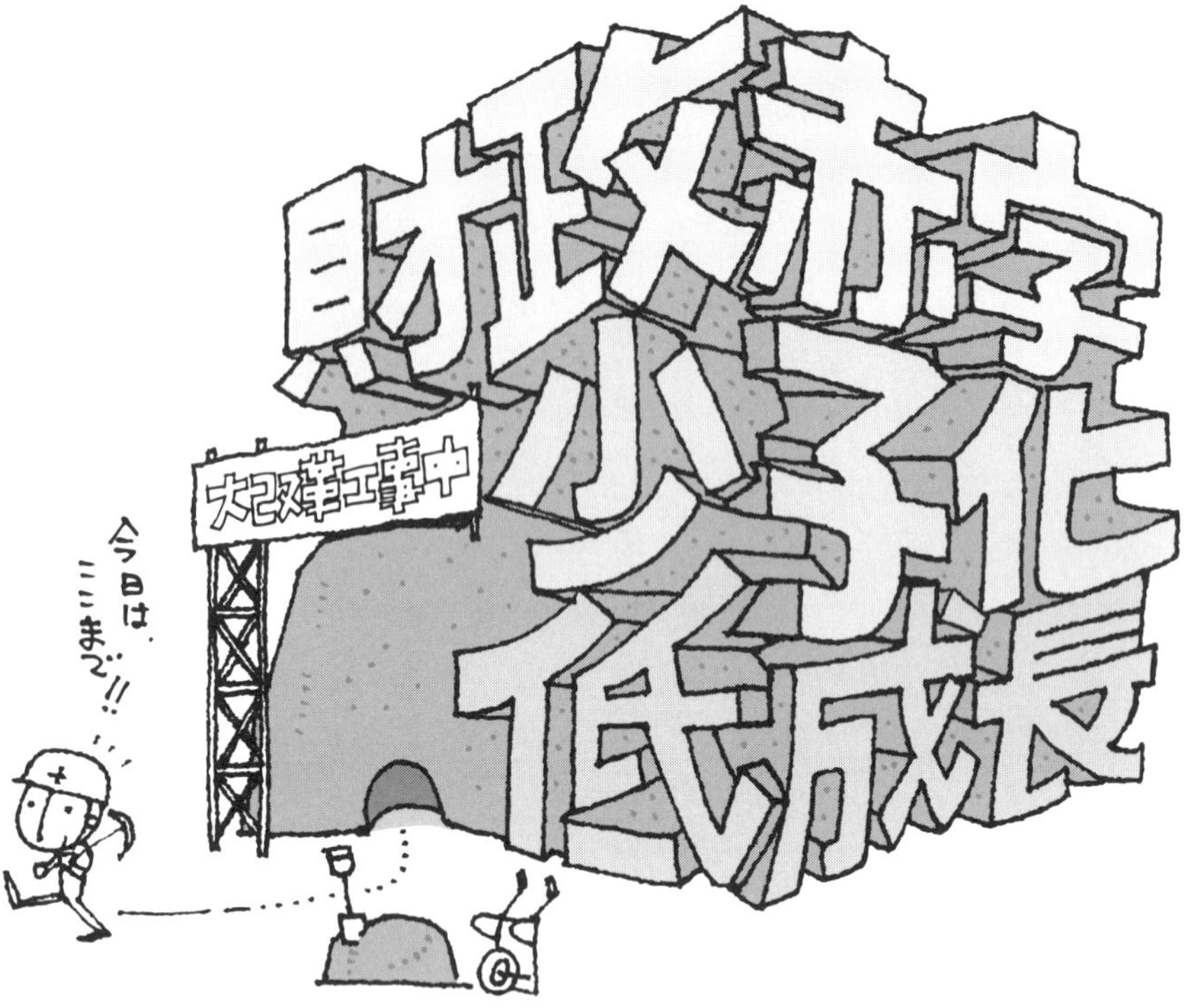

消費税や保険料などの国民負担など各論のほうが、国民にわかりやすいため議論になりやすい一方、全体を方向づける総論に国民全体が関心をもつということは確かに難しいものです。しかし２００４年の総選挙のときに「郵政民営化」に国民の注目が集まったように、政治の主導者たちが強く訴えれば「地方分権」を国民の一番の関心事に押し上げることも可能です。政治の場からそうならないときでも、国民のほうから、地方の側から、もっと声をあげていかなくてはなりません。地方６団体など地方分権を推進する主体にも、地域住民への働きかけをもっと求めたいところです。

●「道州制」で地方分権改革を進めよう

以上のように、地方分権への改革の道のりはまだまだ遠く、それに比べて、改革の歩みはあまりにも遅いのです。

そんな状況の中で、ここ数年、ようやく「道州制」は新しい地方分権・日本のための仕組みとして、具体的に検討されるようになってきました。内閣、政党、経済界から、「改革のためには、やはり道州制にするべき」との声があがってきています。先の問題点に対応させると、以下のようになります。

①〈〝自己改革〟は難しい〉という問題に対しては、もっと根本的に、枠組みから作り直す、ということでの道州制。
②〈都道府県が受け皿として必ずしも適していない〉ことに対しては、都道府県の枠組みを権限移譲に適したものにするための道州制。
③〈議論に国民が不在である〉という現状に対しては、地方分権の姿を具体的に見せて、そのキャッチフレーズとしての道州制。

次章において、「道州制」の議論が今、どうなっているかをみていきます。

COLUMN

世界の分権化の流れとマニフェスト　北川正恭（前三重県知事／早稲田大学大学院教授）

ヨーロッパでは中世より戦争の歴史が続きました。そしてヒトラーの登場による第2次世界大戦の発生で、みんなが全体主義は危ないと考えるようになりました。そこでキリスト教が立ちあがり、権力が集中しないために、「これからは個人の尊重でいきましょう」ということで民主主義の流れとなったのです。

また、今までは、情報を非公開とすることで、税金を払うほうでなく、使うほうが優位にありましたが、現代ではITの発展による情報公開が進み、大阪市役所や建築偽装の問題も判明してきています。これにより今後、民主主義がますます進んでいきます。

さて、日本では小泉政権では財源論ばかりしていましたが、本当に大切なのは地方自治です。2000年の地方分権一括法で、法律上は国と地方は対等になりました。ただ、まだ財源は対等になっておらず、また官僚と地方は相変わらずの陳情合戦をしています。しかし、国の赤字も800兆となるなかで、これはもう続きません。これからの地方の首長は地域経営者となり、陳情合戦から政策合戦への転換が行われます。ここ10年で地域経営できる首長とそうでない首長のところでは、段違いの差が出ます。そのときに重要なのが、マニフェストです。北海道の恵庭市では絵本を使ったマニフェストで中島市長候補が与党のバックアップを受けた現職に圧勝しました。

そして、県はもう不要になっています。歴史や風土を考慮して、北欧などの例から見ても政策の説明責任を果たせる人数として、500～1000万人という単位での経営がなされるのがよいと思います。道州制はすぐそこまで来ているのです。

さらに、市民の方もこれからはライフデザインを考えていく時期に来ています。自分たちの地域をどうしたいのか、それは自分たちでできるのか、地域でできるのか、それとも市に相談するのか、そういったところから、協働が生まれてくる。公務員は元来真面目な人たちだが、議員を赤坂に呼べる人が出世するような風土の中で、おかしくなっていました。情報公開が進めばそういう環境も変えていけるはず、全国310万人の地方公務員が変われば、日本は必ず変わります。

ひとつの言葉があります。「北京で一羽の蝶々《ちょうちょう》がはばたくと、ニューヨークでハリケーンが生じる」ミクロの〝ゆらぎ〟がマクロを制するのです。日本を変える大きなポイントはみんなで騒ぐことです。色々なところで騒ぎあえば、それが大きな力のうねりになる。2002年に私がマニフェストと言ったときには、ほとんどの人が知りませんでしたが、その後、流行語大賞を取るに至ったのは、いろいろな人たちがそれを言って騒いでくれたからです。皆さんが動けば必ず日本の歴史は変わります。

（きたがわ・まさやす）

第3章

「道州制」は救世主か？

1　これまでの道州制論

●古くからあった「道州制」

「道州制」というアイディアは、最近になって出てきた考え方ではありません。古くは明治時代、つまり府県が設置された直後から、府県を統廃合することの効果が議論されてきました。道州制ではなく地方分権論に類するものですが、1877（明治10）年、すでに地方分権論を唱えていた人物がいます。それは福沢諭吉です。著書『分権論』の中で、〃教育・厚生・福祉といった住民の身の回りに関することは、中央政府ではなく地方の政府の役割とすべき、それが地方の自立を促す〃と主張しています。

戦時中の挙国一致を目的とした地域のブロック化政策では、1940年に地方連絡協議会、その後1945年に地方総監府が設置され、中央集権のきわめて強い道州制的な統治機構が敷かれたこともあります。

戦後はまず、10年にわたる「政令指定都市」制定までの地方制度をめぐる激しい議論の経過の中で、道州制的な提言もいくつか行われました。次いで1957年第4次地方制度調査会の「地方制度の改革に関する答申」における〃国と市町村の間に、全国を7から9に分割し国の機関と地方公共団体の両方の性格をもつ「地方」という団体を置き、その執行機関である地方長は、地方議会の同意を得て内閣総理大臣が任命する〃という提言、さらに1966年から69年にかけて、都道府県の合併を促すために「都道府県合併特例法案」が参議院に計3度提出された（いずれも廃案となる）こともありました。

その後は、右肩上がりに日本経済が成長していく中であえて大きな改革を行う必要性もあまり感じられなくなったためか、都道府県のあり方や道州制に関する議論はしばらく下火になっていきます。

●そして、現在につながる議論へ

バブル崩壊とその後の景気低迷の状況下で、改革の機運が高まり細川内閣が成立したことは前述のとおりです。その頃から、日本各地で、さまざまな主体から道州制（あるいは連邦制）の提言が再び出され始めました。1999年の「地方分権一括法」の成立、合併の進展による市町村の広域化・権限強化に伴う都道府県の存在意義の見直し、さらに2003年の小泉首相による「北海道における道州制の取り組み要請」などとともに、これからの地域の自立のあり方を問う道州制議論が、大きく盛り上がりました。

そして2006年、第28次地方制度調査会の「道州制のあり方に関する答申」において、「道州制の導入が適当と考えられる」との文言が記載され、3パターンの道州の区割り案や、国と道州の事務配分のメルクマール（指標）などが示されました。同年秋に誕生した安倍内閣では、道州制担当大臣が任命されました。

●各地域からの提言

道州制の検討を行ったのは国だけではありません。各地の地方自治体・地域の団体からも多くの提案が出てきています（次頁表10参照）。

1959年の伊勢湾台風からの復旧を愛知・岐阜・三重の3県が連携して行ったことに端を発し、古くから県合併の議論が行われてきた中部地方や、1955年に関西経済連合会が道州制を提言した近畿地方などでは、古くから都道府県の広域行政が検討されていました。ほかに、青森・秋田・岩手の北東北3県も、広域事業連携を進めています。北海道は都道府県で唯一の〝道〟たる自覚あってのことでしょうか、いちはやく道州制の検討を開始しました。小泉内閣から「北海道における先行的取り組み」のお墨付きを受け、積極的に「道州制特区提案」を展開してきました。3年にわたる国と道

表10　地方の道州制への主な取り組み

地方	内容
北海道	2003年ごろから道州制特区の取り組み
東北	青森・秋田・岩手の3県による1997年知事サミットをきっかけに、北東北3県による2010年を目処とした県合併と、その後の道州制を検討
関東	埼玉県、千葉県、東京都、神奈川県、横浜市、川崎市、千葉市、さいたま市による首都圏サミットで広域行政を推進
中部	愛知・岐阜・三重には古くから県合併の議論がある 中部経済連合会が道州制の提言を4度発表（2001～2005年）
近畿	1991年「都道府県連合制度に関する提言」（関西経済連合会） 2006年「連邦的道州制の提言」（関西経済同友会）
中国	1990年「連邦制の研究報告」（岡山県） 同時期より鳥取県、広島県なども独自に道州制を検討
九州	1971年「九州自治州の構想」（西日本新聞社） 2006年「道州制に関する答申」（九州地域戦略会議）

のやり取りの成果として２００６年、「道州制特別区域における広域行政の推進に関する法律案」（道州制特区推進法案）が国会に提出され、12月に成立しました（次頁表11参照）。

道州制になったとしても道のままの北海道や、連携しやすい九州地方では、地域ビジョンを明確にした道州制の積極的な検討が始まっている一方で、中部地方周辺では関東・北陸・関西との区割りの案が錯綜しているため、道州制案がまとまりにくい都道府県もあります。また、道州制に反対している知事もいます。

時事通信社（２００６年２月）の全国知事に対する「将来、道州制が必要か」というアンケートによれば、「必要」27知事、「どちらともいえない」16知事、「必要ではない」２知事となっています。

●各界からの発信

経済界から提言された「道州制」論で最も有名なものは、世界的な経営コンサルタントである大前研一氏によるものでしょう。１９８０年代後半からさまざまな形で提言してきました。〝時代に適合したシステムであり、今後の経済的成長に有益である〟という道州制のメリットに関する氏の明確な主張は、活性化をめざす各地域の積極的な道州制検討を促しました。

松下幸之助氏は１９６６年、「廃県置州」「置州簡県」を提唱しました。この流れを受けて、ＰＨＰ総合研究所が『日本再編計画――無税国家への道』（ＰＨＰ研究所、１９９６年）などで提案した12州への再編案もあります。

さらに読売新聞社による12州への再編案（読売新聞社編『21世紀への構想――国

表11　北海道における「道州制」の流れ

2000年	5月	地方分権一括法成立を受け、道州制検討懇話会を設置し、検討を開始
2001年	2月	道州制検討懇話会は、「道州制　北海道発・分権型社会の展望」を知事に提出
2003年	8月	北海道、『分権型社会モデル構想』を策定 小泉総理から北海道に対し、道州制の先行的、モデル的取り組みをするよう要請
2004年	4月	「道州制プログラム」を策定 「道州制特区に向けた提案（第1回）」を国に提出
	8月	「道州制特区に向けた提案（第1回）の具体化について」を国に提案
2005年	4月	内閣府内に『道州制特区』推進担当室が設置
	7月	政府から第1次回答
	8月	政府からの回答に対し、北海道の意見を提出
	10月	政府から第2次回答 北海道道州制特区推進法制定に向けた動きが政府・与党等で始まる
	11月	政府の再回答に対する北海道の見解を公表
	12月	北海道議会は「北海道道州制特区推進法の早期制定を求める意見書」が決議
2006年	5月	内閣が「道州制特別区域における広域行政の推進に関する法律案」を国会へ提出
	12月	上記法案可決

のシステムと自治の再構築をめざして』読売新聞社、１９９７年）や、日本青年会議所による8州への再編案なども提言されています。

政党では、自民党、民主党それぞれから「道州制」案が提言されています。地方分権の推進と、国と地方の重複行政の排除に伴うコスト削減（２０００年案で自民党では年間10兆円・民主党では同15兆円）を主な目的としています（各党の案については後述します）。

また日本経済団体連合会（経団連）は２００６年から道州制積極推進を掲げています。安倍新内閣への要望の中で、「地域活性化に向けた道州制の導入」を掲げ、地方分権改革の推進、分権型経済圏の必要をうたい、さらに２００７年初頭発表の経団連ビジョン「希望の国、日本」の中で、「中央集権的な国・地方体制の立て直しのため」の道州制導入を優先課題５つのうちのひとつに取り上げています。経団連会長で経済財政諮問会議の民間からの新しい議員にもなった御手洗冨士夫氏は、『御手洗冨士夫　強いニッポン』（朝日新聞社、２００６年）の中で、地方の自立と再生のためには道州制による選択と集中が重要、と強調しています。

2　徹底比較!!　これが今の「道州制」

それでは、現在提出されている代表的な「道州制」提言を紹介します。

●いろいろな道州制

○自由民主党

２００６年、小泉政権以上に道州制推進に積極的な安倍政権になり、道州制担当大臣も任命されました。与党・自民党の道州制提言はどうなっているのでしょうか。

自民党は、２０００年に「道州制を実現する会」を結成、その後、「道州制推進議員連盟」「道州制調査会」へと検討の場が引き継がれてきました。しかし、２００５年衆議院議員選挙のマニフェストでは「道州制導入を検討する。また、その先行的試みとしての北海道道州制特区を推進する」とのみ示されたにとどまりました。２００６年秋、道州制調査会からは同年２月の地方制度調査会答申の３つの区割り案から全国を11道州にする案を採用するという方針が出たのみで、具体的な道州制の全体像はいまだに示されていません。同調査会の道州制提案は２００７年春頃にするということです。

一方で内閣と北海道が進めてきた北海道道州制特区の取り組みは、２００６年12月、「道州制特区推進法」として実を結びました。

自民党案は具体的になっていませんが、与党として道州制特区推進法案を支持していることなどから、自民党の道州制に対する考え方の〝立ち位置〟を推測することはできます。

○民主党

2000年ごろの政策マニフェストでは、「道州制の導入が適当である」として、そのための国と地方の改革を提言していますが、2005年の衆議院議員選挙のマニフェストあたりから、道州制という言葉をあまり出さなくなっています。これは、与党自民党の制度的枠組みとしての〝「道州制」ありき〟に対して、〝まず地方自立のための実質的な改革を行うべきである〟という姿勢の違いを意識的に明確にするためのことかと思われます。

しかし最近においても、道州制という制度そのものには反対しているわけではありません。重要なのはその理念と具体策であるという観点から、道州制特区推進法案にはそれが欠けているとして、成立時は反対の立場をとりました。

民主党からは、国と地方のための改革の具体策として、

・まず、使途限定の補助金の全廃、一括交付金のみにする。これにより地方が〝陳情〟のために国に詣でる必要はなくなる

・国と地方の税源割合を、実質的な事務量に合わせて、1対1にする

などが挙げられています。

また、地方分権をなしえたあとの地方においては、公的サービスを充実できるようにすべきという地方行政における〝大きな政府〟的志向も見られますが、これに関しては〝分権後〟でないと内容を具体的には出せないのはやむをえないでしょう。

○地方制度調査会

2006年2月28日、第28次地方制度調査会が「道州制のあり方に関する答申」を内閣に提出しました。道州制の区割り案として、都道府県制度を改め、9、11、13道州に区分する3パターンを提言しています。道州には地域行政の「事務」を国から移譲するとして、国と道州の分担すべき事務配分についてはかなり詳しく示されていますが、「権

限」や「地域の主権」という言葉はありません。業務や事務を移管するのみになってしまうおそれもあります。また、財源については、地方に移譲する必要があると述べながらも、どんな税源を充てるのかといった具体的な方法や、国と地方の割合をどの程度にするか、といったことが示されていません。

国と道州の関係については「現行制度と同様」とされ、補助金や交付金の改革などは触れられていません。これでは道州制になっても地方分権がどれほど進むのかわからず、もしかしたら現在とそれほど変わらないということも考えられます。

地方制度調査会は内閣の諮問機関ですから、この答申が内閣の道州制の考え方の今後のひとつの基準となります。したがって、この道州制案が、今のところ政府により実現される道州制に最も近いといえます。第29次調査会の招集も予想されますが、今後、地方分権的な具体策をどれほど盛り込んでいけるか、注視していかなくてはなりません。

○関西経済同友会

関西経済同友会は、地方制度調査会の答申に対して批判的な意見を表明し、異なる対案をまとめて2006年4月に発表しました。地域からの道州制のいくつかの提言は当然、地方分権的で地域の自立を求めていますが、同会の提言は、その中でも最もはっきりと地方分権を打ち出し、さらに道州制移行へのプロセスも明示しています。憲法の改正も視野に入れています。

○九州地域戦略会議

九州地域戦略会議では九州の道州制に移行したあとの取り組み方を検討してきました。基礎自治体にできることは基礎自治体で、道州では広域行政が必要なそのほかの地域業務、国は国でしかできない役割に特化する、という道州制の基本的な考え方と、九州が一道州となったときに、地域の特性をどのように活かしていけるかを検討した国づくりプランを提示しています。

道州制提言の比較一覧表

	提言年次	全体像	国の役割	道州	基礎自治体	権限の移譲	税制	関連事項など
自民党	2007年具体化予定	全体像は未定 11道州に区割り						道州制調査会で今後具体化の予定
民主党	2001年マニフェストなど	分権連邦型国家 10程度の州と、1000程度の市	外交・防衛・通貨など	広域行政	合併して強化	国の権限を最大限に移譲	地方消費税率拡大 使途限定補助金の廃止 国対地方の税源割合を1対1に	政府の道州制を形式的と批判し、「道州制」としては提言していない 地域主権の確立からはじめるべき
地方制度調査会	2006年	道州制を基本 9・11・13道州の3案	道州に移譲すべき	広域行政を担当	地域に関する事務	“権限”ではなく事務の移譲	税源を道州に移譲すべき	権限・財源・実現プロセスなど具体化されていない
関西経済同友会	2006年	連邦的道州制	外交・防衛・通貨など	立法権まで広範な権限	40万人、300程度に再編	権限を道州と基礎自治体へ大幅に移譲	道州に課税・徴税権を二元化	道州制を5年で実現する具体策まで提言
九州地域戦略会議	2006年		外交・防衛・通貨など	広域行政	現行	権限を道州と基礎自治体へ大幅に移譲	国からの税源移譲 補助金の一般財源化 交付金の見直し	道州となった九州のビジョンを提言
北海道提案	2004年	特区として北海道が先行で取り組み		まず北海道を道州に	現行	国の権限を北海道へ移譲すべき	現行の制度内	北海道の道州制ビジョンを提言
大前研一案	1989年頃～現在まで	道州連邦 11程度の道州	外交・防衛・通貨など	戦略的広域行政 立法権をもつ	人口5～20万人のコミュニティ	権限を道州とコミュニティへ移譲	付加価値税を道州税 資産課税をコミュニティ税 それぞれ5％を国に上納	

（2006年12月、ホームページ・著作などの公開情報により作成）

○北海道

前述のとおり、内閣との「先行的取り組み」の合意に基づき、北海道庁から道州制の提案がなされています。2004年の「道州制特区に向けた提案」「道州制特区に向けた提案の具体化について」の2つに北海道からの提言内容がまとめられています。内閣に提出する案ということで現実的な対応に配慮しながらも、北海道への地域主権の移譲と北海道の独自プランを提言しています。

○大前研一氏

90年代に「平成維新の会」を立ち上げ実現をめざした「地域国家論」という、世界で繁栄している地域から帰納的に見出した理論を背景にした大前研一氏の道州制案があります。20年前に発表されながら今でも多くの道州制の基本的考え方となっている氏の道州制は、『地域国家論』（1995年）、『平成維新』（1989年）などに著され、近著では『チャイナ・インパクト』（2002年、以上いずれも講談社）などでも、地域繁栄の戦略として提示されています。大前氏の道州制は、道州という地域単位で強い権限と財源をもち、地域の条件を生かした世界戦略をもつことが、経済的な繁栄につながることを述べています。

●多くの「道州制」提言をどう見ればいいのか

これらの主だった「道州制」提言の内容を比較してみたいと思います。これだけ多くの人・主体から、数多く提言されている「道州制」。安倍内閣は道州制をめざすといってスタートしましたが、それはいったいどんな姿をめざしているのでしょうか。それを理解するためにも、いろいろな道州制をまずは比較してみていく必要があります。

おのおのの「道州制」提言を見極めるのに、第2章と同様の2つの指標で考えてみましょう。

①中央集権か、地方分権か

図Ｍ　日本と地方分権的な先進国とのポジション

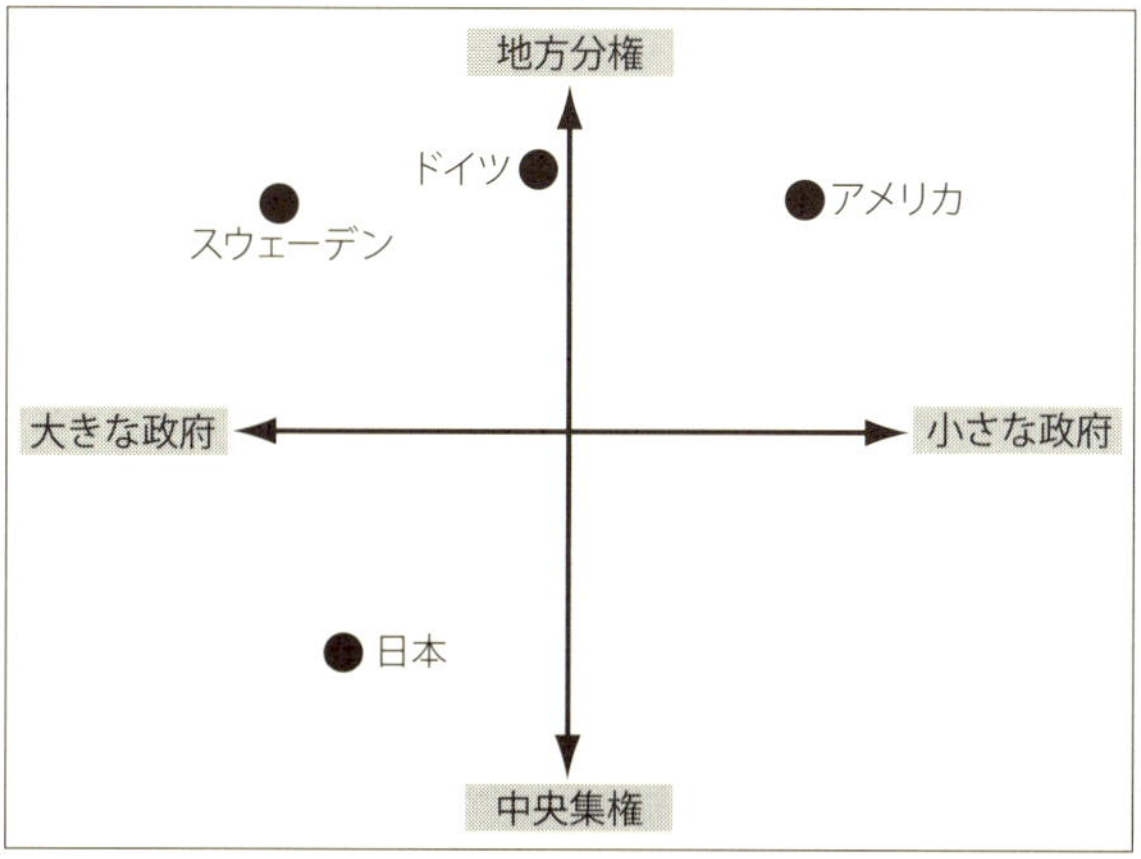

中央集権的で大きな政府の日本をどう変えるべきか？
地方分権国家にもいろいろある。

まず、道州制は国と地方のあり方を変える考え方ですから、今よりも地方分権を進めた形ということになりますが、どの程度まで「地方分権的か」、つまり「地方の権限が今より強くなるか」ということについては、それぞれの道州制提言で差があります。最も地方分権的な道州制は連邦制に近い、各地域が独立国に近い機能をもつものであり、最も地方分権的でない道州制は、都道府県が集まって道州という形にはなるが、今の国と地方の権限の配分を変えないものです。あるいは、今よりも国の権限が強い「道州制」というものも考えられます。

②大きな政府（公のサービス大）か、小さな政府（公のサービス小）か

「大きな政府」というと、「国」と思ってしまいがちですが、ここでは主に「大きな地方政府」か「小さな地方政府」か、ということで考えます。税負担が重い代わりに、福祉サービスなどを公が手厚く提供している国の代表格スウェーデンは、「大きな地方政府の分権国家」です。一方連邦制のアメリカは税負担・福祉サービスともに比較的低いので、代表的な「小さな地方政府の分権国家」です。代表的な地方分権国家、スウェーデン、ドイツ、アメリカは公的サービスと税負担度合いにおいて差があります（図Ｍ参照）。

図Ｍに現在の日本の位置を比べてみると、上のようになります。各道州制提言は、この日本をどのように変えるべきと言っているのでしょうか。

●「道州制」提言のポジショニング

次頁図Ｎは、紹介した道州制提言をポジショニングしています。これは、各

図N　各道州制提言のポジショニング

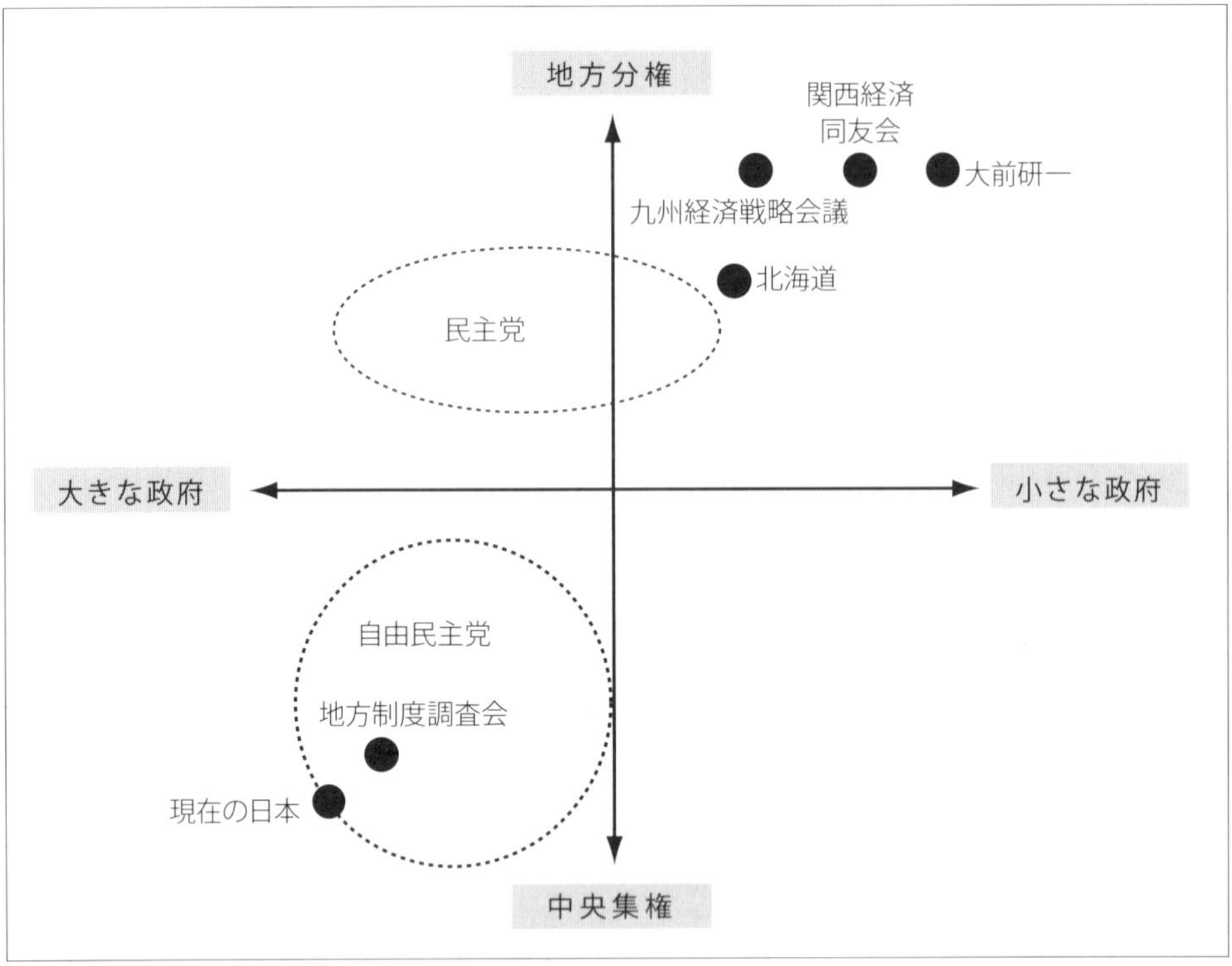

政府の道州制推進状況と地域・民間の提案には、大きな隔たりがある。

道州制案が「今の日本をどの程度に改革して、どの位置をめざしているか」ということを表しています。

まず現在の日本の位置を見てください。図K（65頁参照）と同様の、中央集権的で大きな政府の位置にあります。そして、日本の現在位置からの距離は、各主体が提言している道州制は、そこから大きく改革しようというものか、小さい改革にとどまっているかという〝改革推進度〟を表します。さらに、地方分権をよりはっきりとめざしているものは上寄りに、公共のサービスが手厚い〝大きな政府〟である現状を維持しようとするものは左寄りに位置しています。図Nから、以下のようなことがわかります。

・大前研一氏の道州制提言は、道州制の基本となる原理・原則を明確にしているため、現在位置からほぼ45度方向、最も〝改革度の大きい〟案である

・各地域からの道州制提言は、大前氏の道州制よりはやや地方政府の公の役割を大きく

考えているものが多いが、十分に地方分権を推進した姿を提言している
・地方制度調査会の提言は具体性に欠けるため、今の提案のままだと、現状をわずかに変えるにとどまる
・自由民主党の提言は、地方制度調査会の提言に近いものであると推測されるが、各人の主張にはばらつきがあり、具体的な姿は不明確で、「このあたりではないか」という想像にとどまる
・民主党でも同様に、主張のばらつきがあるため位置はプロットできず、範囲を示すにとどまる。ただし、地方分権的な改革の公約がいくつかあるため、民主党の道州制は自由民主党よりは地方分権的なものではないかと推測できる

注意点として、〝大きな政府〟の意味する内容は、公共事業などの支出も、社会福祉費も、両方含んでいます。たとえば公共事業費削減と社会福祉費増加を主張する案と、公共事業費の増加と社会福祉費の削減を主張する案があるとき、もしその額が同じならば、〝大きな政府〟度においては同値となるので、この点に関してはそれぞれ内容を見て判断してください。

以上のことから、実現可能性が最も高い地方制度調査会の道州制は、今の提言のままでは、現状をあまり変えないということがわかります。地方からの提言と比べても、かなりの隔たりがあります。**政府の道州制推進体制においては、道州制はまだわずかしか進んでいない**ということです。また、政党の案でも道州制の姿は明確になっていません。ということは、選挙で勝利した政党に任せても、道州制が実現するかどうかは確信できません。

議論は活発にされるようになってきましたが、実際には道州制への道は、始まったばかりなのです。**このままでは、道州制は進まない**のです。

●「道州制特区推進法案」の経緯は？

最後に、道州制特区推進法案の経緯を概観しておきましょう。次頁図O を参照してください。

２００３年の小泉首相の要請で始まった北海道の特区への取り組みは、２００４年の「道州制プログラム」「道州制特区

図Ｏ　北海道案と特区法案

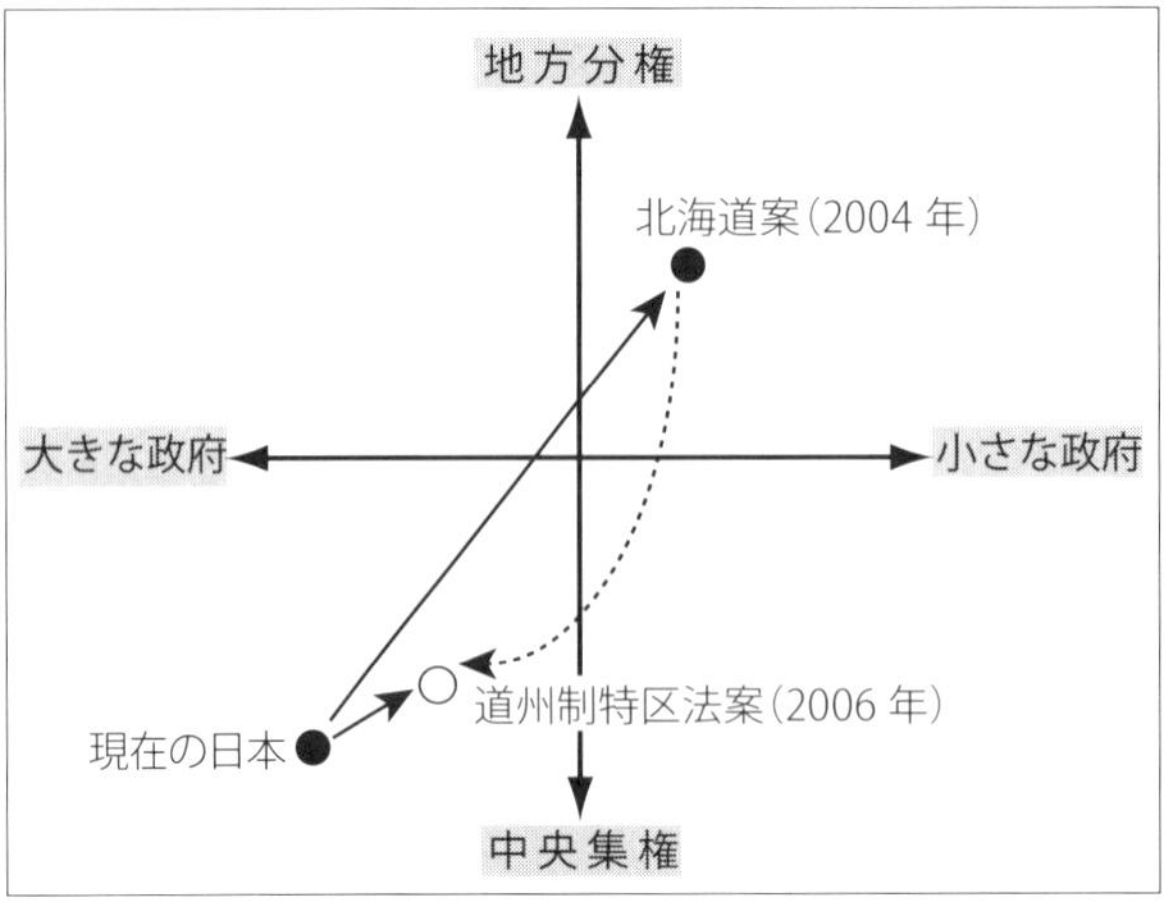

北海道が出した特区案は、実際の法案では大きく現実に引き戻された。

に向けた提案（第1回）」「道州制特区に向けた提案（第1回）の具体化について」に具体化されました。これは図Ｎ（82頁参照）に示した北海道案のポジションと同じです。

北海道の提案に対し、２００４年度中に政府からの具体的な回答はなく、ようやく第１次回答が示されたのは２００５年７月になってからでした。けれども、この中では国の地方支分部局と北海道との機能統合の提案については回答がなく、また、連携・共同事業の提案については、概ね前向きな回答が得られたものの、地域の自主・自立性を高める肝心の権限移譲の提案については否定的な内容でした。この回答は北海道の特区案を現状に大きく引き戻すものでした。さらにその後、政府より２００５年第２次回答が示されましたが、これも先の回答とそれほど変わらないものでした。

その一方で、２００５年10月、自由民主党道州制調査会北海道道州制検討小委員会は、道州制特区を協力に推し進めるための制度的裏付けとして、「北海道道州制特区推進法案」を国会に提出する方針を固めました。その後、政府による議論が進められ、２００６年5月、国会に「道州制特別区域における広域行政の推進に関する法律案」（道州制特区推進法案）を提出、12月に成立しました。この法律では権限移譲はきわめて限定的になっていて、わずか8つの権限移譲を認めるのみにとどまっています。この法律により〝北海道道州制特区〟が誕生するとは、とても言いがたいものです。

道州制特区推進法は、北海道の提案をもとに具現化されました。わずかな権限移譲とわずかな地方分権の推進がありますが、とてもこれでは、北海道

がめざしているものには届きません。この図式は第2章で見た、改革の思うように進まない状況と非常によく似ています（65頁参照）。改革へのベクトルの目標を大きく伸ばしても、実際に進むのはほんのわずか。改革しよう、道州制にしようという動きがあっても、それが現実には引き戻されてしまっているのです。

●「道州制」は待っていても実現しない

改革のかけ声、地方分権への動きが起こってきています。そして、「道州制にすべき」との声もさまざまなところから上がってきています。しかし、**「これで道州制になるから、地域も元気になって大丈夫」というわけではない**のです。

別の言い方をすれば、「道州制」は、形としては、実現するかもしれません。しかしそれが、私たちのめざす〝地域を元気にする〟「道州制」でしょうか。今の段階では残念ながら、私たちのめざす「道州制」の実現は、見えていません。

地方分権への改革の道のりはまだまだ遠く、それに比べて、改革の歩みはあまりにも遅いとは第2章の最

後に述べた言葉ですが、まことに残念ながら、それをもう一度繰り返さなくてはなりません。

道州制の議論が盛り上がっても、**本当にめざしたい道州制への道のりは、まだまだ遠い**のです。

＊参考

宮脇淳「地方分権議論の真姿と方向性」広島県地方分権懇話会議事録（http://www.pref.hiroshima.jp/soumu/seisaku/bunken/konwa/pdf/giji.pdf）
読売新聞社編『21世紀への構想――国のシステムと自治の再構築をめざして』（読売新聞社、１９９７年）
ＰＨＰ総合研究所『日本再編計画――無税国家への道』（ＰＨＰ研究所、１９９６年）

＊参考文献とＵＲＬ

自由民主党ホームページ（http://www.jimin.jp/index.html）
民主党ホームページ（http://www.dpj.or.jp/giin/）
地方制度調査会第28次答申（２００６年２月）「道州制のあり方に関する答申について」（http://www.soumu.go.jp/singi/pdf/No28_tousin_060228.pdf）
関西経済同友会ホームページ（http://www.kansaidoyukai.or.jp/Default.aspx?tabid=131）
九州地域戦略会議の提言／報告書（http://www.kyukeiren.or.jp/katsudo/iken.html）
北海道庁ホームページ（http://www.pref.hokkaido.lg.jp/sk/cks/bunken/5_data_link.htm）
大前研一『平成維新』（以下いずれも講談社、１９９１年）、『地域国家論　新しい繁栄を求めて』（１９９５年）、『チャイナ・インパクト』（２００２年）、『ロウアーミドルの衝撃』（２００６年）

COLUMN

道州制は「国のかたち」を地域から組み替える大改革　松沢成文（神奈川県知事）

道州制は、単なる都道府県の枠組みの見直しではありません。「国のかたち」を「小さな中央政府と自立した地域」に組み替える大改革です。

これまで日本では、国が政治行政のイニシアチブを取り、地方を指導して、落ちこぼれる地域のないように、いわゆる「護送船団方式」でさまざまな措置を行ってきました。法律によって画一的な基準をつくり、国庫補助金で地域振興を図るとともに、地方交付税で地域間格差を補填してきました。

しかし、現在、グローバル化・成熟化した時代を背景に、「護送船団方式」は行き詰まりを迎えています。画一的な法律では地域社会の多様な課題に対応できなくなっており、国庫補助金は政官業の癒着を生み出し、政策決定をゆがめています。また、地方交付税は地域の自助努力を妨げ、巨大な累積債務を生み出しました。こうした方式をいったん排して「小さな中央政府」と「自立した地域」の新しいシステムをつくる必要があります。

実は、従来の護送船団方式の下で、都道府県は国の法律や施策を忠実に実施し国の補助金や地方交付税を市町村に配分するなど、「輸送船」の役割を果たしてきました。道州制の導入は、護送船団方式を解体し、個々の自治体を強くする改革なのです。

複雑化、広域化する課題に今までと同じ行政で取り組むには限界があります。こうした思いで、私は将来の道州制の導入を見据え、２００３年に「首都圏連合構想」を提案しました。日本をリードする首都圏の自治体が、これまでの実績をもとに、垣根を越え、個別利害を越えて新しい組織をつくり、国からの権限・財源も集めて首都圏政策の担い手になるという提案です。

ここ数年、埼玉県、千葉県、東京都、神奈川県、横浜市、川崎市、千葉市、さいたま市の首長から構成される八都県市首脳会議は広域的な連携を深め活動を活発化させており、分野は環境、交通、教育、観光など多岐にわたっています。また２００６年には、各都県の商工会議所はじめ民間セクターとも連携する「首都圏連合フォーラム」も立ち上がりました。「首都圏連合構想」で提案した姿に徐々に近づいているのです。こうした首都圏の取組みが道州制の気運を高め道筋をつけていくことにつながるよう期待しています。

道州制は、強い自治権をもった広域自治体が「善政」を競い合い、国全体の活力を増大させるというものでなければなりません。国からの押しつけではなく、地域からの発想によってつくりあげる道州制こそが強い日本を実現する有力な道でしょう。21世紀の「国のかたち」を再構築するためにも、いま新しい自治の仕組みについて開かれた議論が求められているのです。

（まつざわ・しげふみ）

第4章

こんな「道州制」がほしい

1　市民のための道州制とは

●道州制を再定義

第1章でみたように、道州制の目的は「地域を元気にする」ことです。しかし現状では、「道州制」議論の多くが、地域を元気にできるかどうか疑わしいものになってきています。第1章で、道州制を「現行の都道府県制度を廃止して、複数の都道府県を統合した面積規模を持つ広域行政体をつくり、自立のための権限を与える制度」と定義しました（27頁参照）が、この枠組みの中でもいろいろな道州制が出てきています。

〝「道州制」になれば、それでＯＫ〟というわけではないことははっきりしてきました。地域を元気にできる道州制には、前記の定義からさらに踏み込んだ条件が必要です。

私たちの望む「道州制」はどんなものでしょうか。そしてその条件は何でしょうか。

ここで、私たちの望む道州制を、市民のための、つまり私たち自身のための道州制という意味で、「市民道州制」と名付けます。「市民」という言葉にここで込めている意味は、地域に住み、自分の住んでいる地域のことを大切に思っている住民一人ひとり、ということです。おそらく、地域全体が住みやすくなることが自分や家族にとってもいいことで必要なことだと感じている一人ひとり、であるはずです。

市民道州制を定義すると、**「地域に住む一人ひとりが、まちづくりに創意をもって参加することを要件とし、それを最大限サポートできる枠組みをそなえた道州制」**であると言えます。市民道州制を構成するのは、国、道州、基礎自治体の三者です。基礎自治体とは、現在の市区町村のことです。私たちの生活に関わる教育や福祉のほか、まちづくり、地域づくりの全分野は基礎自治体の権限とします。道州は、基礎自治体よりも広域での対応が適している分野を担当します。たとえば、産業政策や広域交通網などです。国の役割は外交、防衛、通貨などにとどめます。

そして、市民道州制には、以下の2つの条件が必要不可欠です。

条件その① 基礎自治体と道州に、機能を果たすのに十分な権限と財源がある

条件その② 自立した市民が地域づくりを支える

条件その①は、〝道州制の枠組み〟の問題です。すでに十分みてきたように、地方分権改革といいつつ、中央政府は権限と財源をなかなか手放そうとしません。しかしこれこそ最も重要な問題です。基礎自治体にふさわしい役割、道州にふさわしい役割をそれぞれ果たすために、権限とそれに見合う財源が必要です。権限のあるところに権限があり、2つは常にともにあります。この条件を踏まえて、道州の役割として「立法」「徴税」も入ってきます。

条件その②は、〝道州制の担い手〟についてです。このことは、本書では今まであまり触れてきませんでしたが、条件その①と同じくらい不可欠です。道州制で地域が元気になるためには、この2つの条件が車の両輪のように必要です。あるいは入れ物と中身のようなものです。どちらが不十分でも、市民道州制はうまくいきません。

ここで、再度第1章での九州D町の事例を考えてみましょう。九州のD町の人が今一番にほしいものである、バリアフリーで住民が楽しめる町づくりに必要なものは、〝高齢者にもありがたい巡回バス〟〝散歩しやすい舗道の整備〟〝地元の人がいつでも集うことができる広場やレストラン〟〝健康作りの施設〟などです。これらは、誰のためのものでしょうか。住民自身です。だから住民自らが、「こういうものがほしい」と望みを明らかにすることが必要です。次に、そういった要望を聞く「受け皿」が必要です。「受け皿」は地方行政府・公務員でしょう。ここに〝これは住民のためになり、地域が活性化する〟

と考えられる施策について、上に伺いをたてずに実現できる力、つまり権限と財源が必要です。予算の範囲で実現できれば、速やかにまちづくり施策が進みます。このような設備や環境を整える狙いは、以下のようなものです。

・高齢者を含めて人が多く出歩けば、商店街が活性化する
・人同士の出会いから、新しいビジネスや文化が生まれ活性化が期待できる
・高齢者の引きこもりが減り、健康増進できる

ここまで進んだら、「これでＯＫ」というわけではないのです。工事や手配ができたら終わりではなく、大事なのはそのあとです。当初の狙いどおり広場に人が集まり、まち全体も活気づいたでしょうか。そうなればいいのですが、逆に成果が出なかったときにどうするのか。せっかくの巡回バスは思ったほど利用者がいないし、施設にもあまり人が入らない。これでは目的は達せられないばかりか、赤字操業になってしまいます。

効果が出ないとしたら、それは行政だけの責任ではありません。また、住民の望んだ内容は、地域の全員にとってはそれほどニーズが高くないものだったと断ずるのも早計です。まずは検証が必要です。なぜ利用者が少ないのか。バスのルートが悪いのか、行き先に魅力がないのか、宣伝が足らないのか。原因に思い当たったら、すぐに修正をしてみます。バスのルートや時間帯の変更、レストランのメニューと味に工夫をする、チラシで宣伝してみる、さらに修正の結果をさらに検証するなど、繰り返しの作業が必要です。それでも効果がないとすれば計画自体、中止を検討しなくてはならないかもしれません。住民の側からも、みんなで誘いあってバスに乗ったり施設を利用したりしてみる、市民がイベント企画をしてみるなど、このまちづくり施策が成功するよう協力する試みが必要です。

このような、為政者・地域行政府・住民が一体となって継続的に関わっていく地域行政が、「市民道州制」のめざすものです。

2 道州制にあるべき権限と財源

●基礎自治体と道州の権限を、今よりずっと大きく

〝地域のことは地域に〟という国の改革のスローガンを言葉どおりに実現できたら、以下のようになるはずです。

○基礎自治体……基礎自治体はすべての基本

市民道州制において、最も重要な主体は実は道州ではなくて、基礎自治体です。その理由は、「現場に一番近いから」です。教育の現場、介護の現場やごみ処理の現場など、政策の対象となる現場と政策を決定する場所は、近ければ近いほど声がよく届きます。そして、政策の見直しや修正も、現場が近ければスピーディに行うことができます。地域ごとに、子どもや高齢者の割合も、会社の数も、交通事情も、住民の気質も違います。それらに対して最適な方法、資源の配分は地域ごとに異なるのが当然です。また、〝お金がない〟のですから、情報公開をして限られたお金をまずどこから優先して使っていくか、無駄をなくし少ない投資で効果をあげていくかについては、住んでいる市民と行政が十分協議し、納得して進めていかなくてはなりません。基礎自治体の権限は、地域の政策全般にわたって独自に決定できるものとします。

○道州……道州の役割は、基礎自治体の大きさでは担えない分野を担当すること

生活の現場のことはできるかぎり基礎自治体が行いますが、基礎自治体の人口はせいぜい10万~100万人規模であり、

市民道州制における役割分担

基礎自治体	生活に関わる現場の政策を決定、実行
	教育、福祉（子ども、高齢者、医療、介護）、環境、雇用、産業振興 まちづくり（域内道路・交通・施設整備ほか）
道州	広域行政が適した分野
	立法・徴税 年金・保険 電力、基幹道路、鉄道、空港、港湾 その他、広域対応が適した環境政策、産業振興、研究開発、高等教育など
国	国家間対応を要する分野
	外交・防衛・通貨 その他、国際レベルでの産業政策・環境政策・国際協力事業

これでは小さすぎると考えられる分野があります。たとえば年金です。長期にわたって住民から積み立てたお金を高齢者に配分するためには、ある程度の人口の規模が必要です。それにふさわしい大きさは基礎自治体でも都道府県でもなく、道州です。

また、財源を基礎自治体だけでもつと、たとえば小さな町で大きな工場が倒産したら、次年度の税収が大幅減となってしまうといった事態が考えられ、毎年の税収をある程度安定させるためにも、道州の大きさが必要です。したがって、道州制の根幹である権限と財源の基本単位は道州ということになります。

さらにもう一点、道州の大きさがふさわしい、大型社会資本の整備・運営という分野があります。たとえば空港は、基礎自治体にひとつは必要ありません。基幹交通網、エネルギーの開発・供給なども道州の行政が適当です。

○国……国の役割としてしか、できないことを

国でしかできないことは、外交・通貨など、国家間での対応が必要な分野です。しかしこれこそ、国を代表する政府の重要な任務です。世界は目まぐるしい変化の中にあり、政情不安や国際問題を抱える地域も依然として少なくありません。経済的には、中国・インドの台頭が著しく、一度は先進国としての地位を確立した日本も、今後はどうなるかまったくわかりません。中央政府は外交・防衛や、世界を相手にした長期的国家戦略に特化し、日本の行く手の舵取りにいっそう専念することが求められます。

地域住民への行政サービスということでは、今よりもずっと、基礎自治体の比重が大きくなります。地域に一番近い行政府である基礎自治体は地域の事情も一番よくわかり

図P　国・道州・基礎自治体の役割

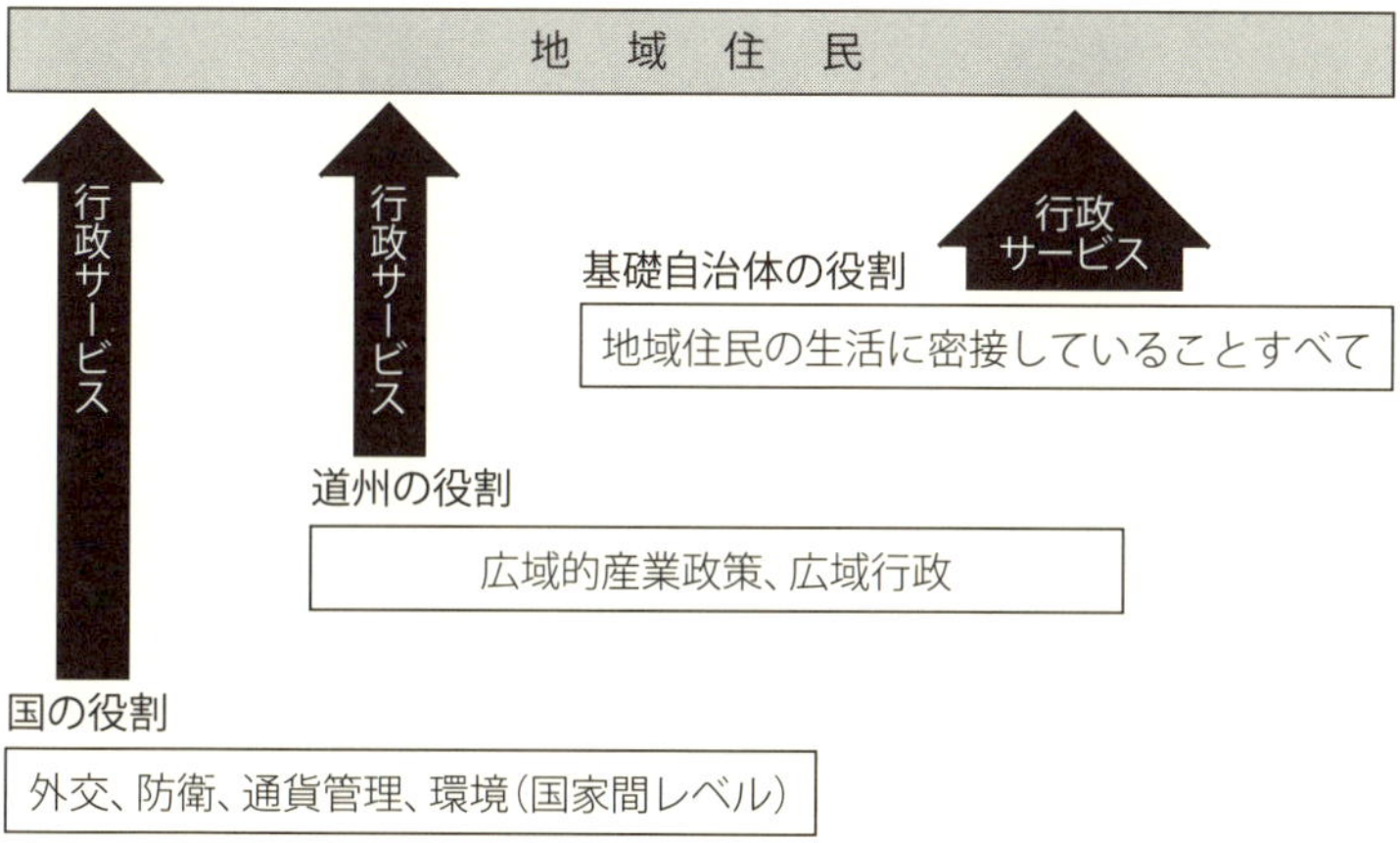

ます。基礎自治体と住民とが対話しながら生活の基盤作りを進めていく、〝住民に近い政治〟が実現できます（図P参照）。

● 税源と徴税

道州と基礎自治体が前記のように自立し権限をもつためには、それに見合った税収は直接道州と基礎自治体に入るべきということになります。

現在、日本の税の中心は、所得税、法人税、消費税です。それぞれに国税と地方税があり、国と地方に入ります。この3つの主要な税について考えると、まず消費税は、全額地方に入るべきです。3つの中で最も地域による税収のばらつきが少ないからです。子どもでも年金生活者でも、少なからず消費税を払う一方で、所得が多くなっても貯金にまわすこともあり、限りなく消費が増えるわけではないからです。また、毎日発生する消費行動に課せられるので、年次ごとの安定性もあります。世界の多くの先進国においても、消費税は地方の重要な財源となっています。次いで地域によるばらつきの少ないのは所得税です。法人税は、地域ごとに法人の数や所得に差があるため、3つの中では地方税としては税収に格差が出やすく、また景気に左右されて変動する度合いも、最も大きくなります。

したがって、消費税は全額をまず地方税に、所得税と法人税の一部は国税へ、残りは地方税にすることが望ましいでしょう。そして、徴税事務は直接基礎自治体が行い、地方から国へ、国税の分を上納する方法をとることによって、徴税にかかるコストを軽減できます（次頁図Q参照）。

図Q　市民道州制の税源割合

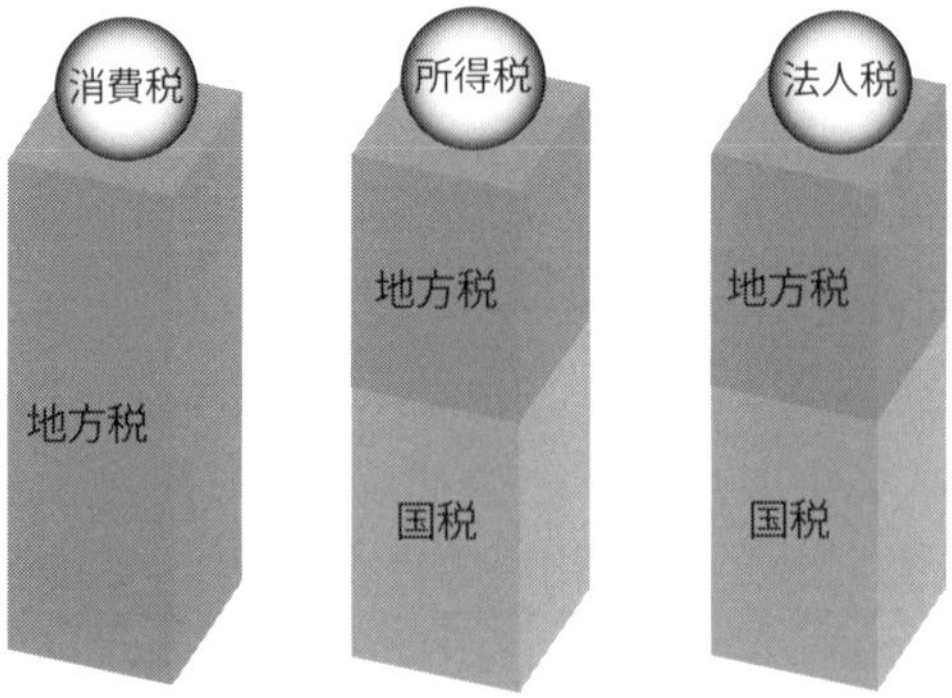

消費税はすべて地方税とすべきである。

● 自主財源で自立することが大前提

基礎自治体と道州は、こうして国より先んじて財源を確保します。当然、現在のような補助金、交付金はありえません。今は国が大幅な赤字を背負って補助金・交付金を地方に出しているのですから、そのかわりに直接、税金が歳入として入っても、地方の財政は今より豊かにはなりません。おそらく現状の歳入より減少します。しかし、この財源はすべて「自分の自由にできるお金」だということが、補助金や交付金とまったく違うところです。「自由にできる」とはいっても限られた財源ですから、「自分の工夫でやり繰りできるお金」ということです。この「やり繰り」が肝心なところです。現在の地域の歳入は、国の縦割り行政からおりてきた予算組みがついています。土木事業の予算、農業の予算、教育の予算などを福祉目的に振り向けるなど自由に組み替えることができず、苦しい財政を乗り切るには制約が多すぎるのです。

歳入が限られている中で地方が自主財源をもつことの意義は、ほかにもあります。それは効率化が容易になることです。国という大きな組織でお金を動かすときよりも、事務的な経費、人件費のコストは少なくできます。また、お金の使われ方が見えやすくなり、無駄をチェックしやすくなります。財政と市民の現場との距離が近くなり、「お金の使い道」とその決定の方法、使われた成果がいかにあったかについて情報公開が進み、財政の透明性が高まります。

そして何よりも、補助金や交付金は「もらうお金」という感覚なのに対して、自主財源は「自分の財布」であり、無駄遣いしてはいけない大切なお金であるという感覚が、地域財政の自立の前提として大切なことです。

●税率も決定できるよう、立法権を道州に

道州と基礎自治体とが、このように権限と自主財源をもつということは、当然、法律を定める権限を有するということにもなります。地方に入る税源について、税率や税目を地方が決定できるということも、とても重要です。道州に入る道州税の税率、基礎自治体に入る地方税率を独自に設定することにより、地域ごとに所得税・法人税・消費税のバランスが違ってくることは、地域の個性として重要な要素です。消費税が安い場所で人はできるだけ多く買い物しようとし、法人税が安い場所には法人が本社を移転しようとします。道州ごと、基礎自治体ごとの地域づくりのビジョンに基づいて、税率を決定することができます。

税以外の分野でも、独自の法律によって地域の個性が表れてくることでしょう。土地の用途や景観整備、学校制度や教育カリキュラム、ゴミ処理対策、そして福祉サービスのあり方について。これらはもともと、地域が取り組んでいる分野であり、現在規制の壁で地域が自由にできないことが多いものです。市民道州制では、地域に合った法律制定の権限がぜひとも必要です。

3　自立した市民と公務員とによる地域づくり

●市民道州制は〝参加〟しなくてはいけない

「市民道州制」では市民の声が反映される行政を実現します。それは単に、市民が「こんなサービスを出してください」と要望し、それに対して役所が「はいどうぞ」と差し出す、ということではありません。〝政治家・公務員がサービスの出し手、住民はサービスの受け手〟ではなく、**1**の例で見たように、地域の市民全員がときにはサービスの出し手になり、受け手になり、そしていつでも地域づくり、まちづくりの当事者であるということです。そこには私たちにとって、自分の住みたい社会を自分で創っていける楽しみがあり、やり甲斐がありますが、一方では責任もあります。といっても、みんなで考え、提案し、実現し、試行錯誤しながらみんなで利用していくということなので、それほど難しいことではありません。ただし、今までの私たちの政治や行政との関わり方とは違うので、私たち自身の考え方を大きく転換しなくてはならないものでもあります。

こう書くと、「道州制になると、何だか大変そうだ」と思われる人も多いかもしれません。「今まで政治家や公務員の専門家がやっていたことを市民も一緒に考える？　役割を担う？　そんなことは、自治会・町内会などに出られる、余裕のある人がやればいい。今は仕事や家庭で、時間的にも精神的にも精一杯。社会的役割は立派に果たしているし、税金も払っている。それでいいではないか」と、そんな声が上がりそうです。

家庭人としての役割、経済人としての役割。今までの日本ではそれがちゃんとできれば立派な社会人でした。地域づくりや社会の環境を整備することは、中央政府が一手に引き受けてやってくれていたからです。しかしこれから、地域のことは地域の全員で考えていくようになります。よき経済人でありよき家庭人であれば満点というわけではなく、さらにもうひとつ、地域の一員としての役割が求められます。「まちづくりのための新しい広場の運営について興味はあるが、多分利用する機会も少ないし、ほかに時間のある人が考えてやってくれればいい」という人ばかりでは、地域づくりは進みません。時間の余裕のない人も、まずは地域のいろいろな試みに興味を持って知ること、次には何かの形で意見を出すなど、参加していく姿勢が必要です。こんな活動のために、今はＩＴが役立ちます。ＩＴ上での投票も近々始まりますが、これをもっと広げて、ウェブサイト上で地域に関する情報をとり、議論したり、アイディアを出したりすることが今より容易になれば、多くの人の参加が可能になります。

●地域の全員に役割がある

一人ひとりが仕事と家庭の「個」の活動に専念した社会で、多くの問題が表面化しています。犯罪やゴミの不法投棄、孤独死、幼児虐待などは、〝隣人の見えない〟町のどこかで起こっています。一方、すっかり希薄になった隣人付き合いを見直し、町内会・父母会・自治会などが地域の問題に取り組むところも徐々に増えてきました。地域づくりの担い手は、公共機関と個人だけではなく、商店、ＮＰＯ、地元企業なども一員です。そして、企業にもさらに努力を求めたいのは、従業員の時間的余裕を増やすことです。「子育て支援休暇」などが検討されていますが、「地域活動休暇」も考えてほしいところです。これらの企業努力は、企業が地域の一員としての役割を果たすことでもあり、また、従業員一人ひとりの多方面においての能力開発につながり、〝多様な人的資源〟は企業にとっての利益につながることにもなりえます。

「市民道州制」のいいところは、
　住みたい地域づくりに、「こうしてほしい」という自分の声が反映されやすいこと
「市民道州制」の大変なところは、

●みんなで問題に取り組んでいく、地域の実例

このような「市民」が力を出し合って、地域の問題に取り組んでいくと、目覚ましい成果があがります。今まで、行政だけでは解決できなかった深刻な問題さえ、解決できるのです。道州制の実現を待たずとも、そういった地域のがんばりはすでに数多く出てきています。以下に、そんな実例を紹介します。

○福岡県赤池町……15年前、財政再建団体第1号の町は見事に再建

福岡県赤池町はかつて九州で栄えた炭鉱城下町のひとつで、閉山後は衰退・過疎の一途をたどり、対策としての公共事業や住宅対策の費用がかさみ、１９９２年、前年度までの71億円の赤字を抱え、赤池町は日本で第1号の財政再建団体となりました。12年計画の再建策では歳出の徹底的な削減が図られ、職員の給与カットや人員削減、町営施設やサービス・住宅の値上げの一方、経費が出なくなった道路補修や草刈は町職員が行うようになりました。すべてにおいて「お金がないなら、自分たちでどうすればいいか」を考えたのです。町長以下役場職員の姿勢は町民にも伝わり、町民も「自分でできることは自分で」と考えるようになりました。行政の配食サービスが廃止になると聞き、町民たちがボランティアで高齢者向け配食サービスを引き受けるなど、行政と町民が一体となり、予定より2年早く10年で再建を果たすことができました。再建後も、行政には「町民と相談する」姿勢、住民は「町に要望するが、自分たちも動く」という姿勢をもつようになりました。そのことが忍耐の10年のもたらした財産だということです。

《ポイント》財政破綻がきっかけ、というのは皮肉ですが、〝国に頼れない、お金はもう出ない〟という状況の下で、行政と地域住民の全員が少しずつの知恵や力を出し合って協力することができた例です。

○長野県泰阜村《やすおかむら》・岡山県新庄村ほか……市民の声を実現する、寄付による投票条例

長野県泰阜村は田中康夫前知事が住民票を置いた村として話題になった、人口約２１００人の山村。介護や福祉を削減することなく、かつ、自立できる地域への模索を続けています。「泰阜村ふるさと思いやり基金」は全国で最初に実施された「寄付による投票条例」です。これは自治体が提示したまちづくりのためのメニューの中から、投票者が使途を指定して寄付をし、総額の多い政策から実現をする仕組みのこと。２００４年から実施したところ、総額は１５００万円以上にのぼり、寄付者は団体もありますが多くは個人からで、その半数は泰阜村以外に在住しています。２００６年、寄付が目標額に達して実施が決定した政策は、在宅福祉サービス維持向上事業でした。その内容は、村内に暮らす体の不自由な高齢者の飛行機旅行支援事業です。

この「寄付による投票条例」は北海道ニセコ町や岡山県新庄村のほか、10余りの自治体で条例化されました。さらに検討中の自治体も多くあります。泰阜村に続いて条例を導入した新庄村では、ブナの森・希少な動植物の保護事業、出雲街道・凱旋桜の保存事業などの予算化が決定しました。

《ポイント》高齢者の旅行の支援、ブナの森の保護など、行政の優先順位ではおよそ最初にはこなかっただろうというような事業に決定するところが、いかにも〝住民の投票〟らしい。行政の側にも、寄付を受けたからには予算を大切に使って成果を出すことや事業の進捗状況など情報公開に努めることなど責任感が生じて、とてもいい方法です。在住の住民以外から多くの寄付が集まるということでも、地域の誇りを再確認でき、やる気が出ます。

○福島県泉崎村……工業誘致に失敗した造成地を住宅地として再生、借金返済へ

関東から東北への玄関口に位置する地の利を生かし、１９８０年代より工業団地を開発・分譲しました。当初はバブル期で順調だったのが、ほどなくバブルが崩壊し、土地は売れ残りました。しかし10年以上にわたって窮状は隠され、急な村長交代のおりに、68億円もの負債が明るみに出ました。村は財政再建団体に転落する見通しとなりましたが、２０００年、国の管理下に入らず自主再建の道を選択し、村長以下村の職員と村民が一丸となって再建がスタートしました。まず、土地造成事業の特別会計を廃止し、財政状況を完全に情報公開し村民に説明、理解を求めました。歳出削減では職員給与を５％

表12　事業費の比較（田10アールあたり）

	国庫負担	村の負担	農家の負担	総額
国の事業	100万円	50万円	50万円	200万円
「田直し」事業	なし	20万円	20万円	40万円

カットし、道路工事は職員自ら実施しました。肝心の土地事業では住宅地としての分譲を開始、職員からもアイディアを募り、転入者のための「通勤奨励金制度」（新幹線通勤代などで交通費3年間300万円を村が補助する）や「無料職業紹介所」を実施しました。村の職員は、土日は住宅販売営業員として奮闘し、やがて負債の元凶であった土地が徐々に売れ、5年間で赤字は半分以下に減少しました。ニュータウンの住民同士でのコミュニティづくりも盛んで、住民も村の販売活動に積極的に参加しています。

《ポイント》すでに移り住んだ人は、「村の職員がこんなにがんばっている土地なら、住んでもいいかも」と感じたといい、「だから一緒に住みましょう」とまた新しい人を呼んでくるという、好循環が生じています。ポジティブな気持ちで住んだ人たちの間に、楽しいコミュニティがきっとできるはず。

○長野県栄村……田直し・道直し――補助金を受けない土木工事は安くて早い

栄村は有数の豪雪地の山村。けわしい山あいに広がる小さな棚田には、田植機や刈取り機が入らず、農家の高齢化と減反政策で水田の荒廃が進んでいました。米作りの機械化のためには、いくつかの小さな棚田をまとめて広げる「田直し」が必要でした。国の補助金政策である「圃《ほ》場整備事業」では5割の補助金が出るかわりに、田1枚30アールにしなくてはならないという全国一律の条件があります。何枚もの棚田をまとめて30アールにすれば、10アールあたりの費用は200万円。村にも農家にも大きな負担となるし、そもそもそんな大規模な田にする必要はなく、農機が入れる大きさの田にできればよかったのです。そこで高橋彦芳村長は、工事業者は村が手配し、必要な規模だけの「田直し」をすることを考案しました。この方法なら農家の自己負担は10アールで20万円、5年での返済が可能になりました（表12参照）。結果、2002年までに7割の田が区画整理できました。

次に栄村は、道路工事でも独自の方式を始めました。国の補助が出る道路工事は、道幅が6～7メートル必要です。しかし、山あいの集落内の曲がりくねった道幅をそこまで広げるには、用地買収や補強工事など費用はかさむばかり。除雪作業車が通れる3〜4メートルの幅さえあればよかったのです。地元の要望に合った「道直し」を村内業者と村の職員による建設チームで、1メートルあたり1万円のコストで実現できました。この道路工事を補助金事業で施工した場合の費用は、少なくとも3倍かかります。11年間で8000メートル以上完成というのは、実に国の10倍以上のスピードです。

《ポイント》村と、農家とが協働し工夫して、自分たちの求める「村づくり」を実現。そのことが結果として、補助金に頼らない工事となり、全国一律基準での国の事業がいかに税金を無駄遣いしているかを世間に知らしめる好例となりました。

●〝お金がない〟今こそ求められる公務員の〝創意工夫〟

いくつかの事例をみて実感するのは、どの地域でも「公務員が大活躍している」ことです。市民側からすれば「お役所」や「お役所仕事」には、すでに決まったことを地道に遂行する堅いイメージがありますが、それは過去の、ただの印象にすぎません。市民道州制で地域を元気にするために多くの市民の関わりが大事ですが、地域の中でまず最初に大事な主役として期待されているのは、地方の公務員です。先に、「市民のがんばりが大切」と書きましたが、今まで行政に無関心だった市民の気持ちを地域へ向け、がんばりを引き出すためにも、まず公務員の人たちは先に立って生き生きとまちづくりを進めていってほしいものです。公務員に求めることは、とくに次の3点です。

①住民が参加できるわかりやすい仕組みを作り、住民に伝えること

例として先の寄付による投票条例があります。このような仕組みのアイディアをどんどん出して、できるだけ多くの、住民参加の切り口を提供していくのは公務員の役目です。

②行政の透明性を高め、信頼を得ること

財政の赤字状況、政策の失敗など、マイナスの情報も隠さずに住民にはっきりと示し、そのうえで、対策を打ち出し協力を得ていく必要があります。

③確固たるリーダーシップをとること

まず地域の人たちに、「何としてもこの借金は返します」「何とかこの商品を全国にアピールし、特産品にします」などビジョンを示し、難しいことでも信念をもってやりとげるという姿勢を示してほしいものです。今まで住民に向けて何かを〝約束する〟ようなことはしてこなかったかもしれません。しかしぜひ、今後はそうあってほしいと思います。

今までは、国からお金をもらってそれで仕事を進めてきましたが、国からの交付金・補助金は今後減る一方です。しかし、お金をもらわないほうがむしろ、規制・指導にとらわれることなく、自由な発想で何でもできる、やりがいがあると、実例が語ってくれています。〝お金がない〟けれども、その分みんなで知恵を出し合って何とかすれば、自立は可能です。そして、お金をもらっていた頃よりもみんながハッピーになれるでしょう。

●どこも同じような町や村……本当にそうだろうか？

実例で見てきた村や町は、〝○○で有名な〟という冠言葉がつくこともない、どちらかというと、どこにでもありそうなふつうの町村です。地域おこしの強みとなる名高い観光地や特産品もありません。そして、多くの町村は過疎による産業の衰退と福祉費用の負担の増大で、苦しい財政を抱えています。だからといって、「うちの町にはこれといって何もないから人も呼べないし、地域の再建・自立は難しい」と諦めてしまうわけにはいきません。そこには何もないかもしれませんが、人がいます。赤池町では、役所の人と住民が協力し合って福祉サービスを維持しました。泉崎村では土地を売りました。土地ならどの地域にもありますが、泉崎村の人たちはそこに住んでみたいと思う魅力をもたせて人を呼ぶことに成功しました。もう、ありふれた村のひとつではないのです。村役場と村の人たちが協力し合ってニュータウンを創り出した村になったのです。

観光客を呼び込んだり、地場の産品をヒットさせたりすることだけが地域おこしではありません。人がいて住む場所があれば、そこで何かが生まれます。何かが生まれれば、それは地域の価値として大きく育っていきます。地元の人が集まって始めた祭りがどんどん大きくなっていったり、ありふれた商店街が始めたイベントが話題になり人が集まるようになったりします。

観光地がなくても、特産物がなくても、そこに人がいれば、世界にただひとつ、オンリーワンのまちです。

●市民の第一歩は、もっと簡単なことから始めよう

先にみてきた地域の実例は、地域の人々が苦難を乗り越えて活躍するドラマチックなものですが、私たちが市民道州制の担い手として、誰もがいきなりそうなれるわけでもありません。私たちの住む市町村が、もし赤字財政を抱えていたとしても、私たちが自治体の問題解決に直ちに立ち上がれるわけでもありません（もしそれができれば、それもおもしろいかもしれませんが）。

私たちは、もっと身近な簡単なことから始めてみましょう。まず最初は興味を持って知ることからです。地域の情報をよく知ることとか、隣近所の様子に関心をもってみるとか。そして、意見があったら伝えてみる。地域には多くの、私たちの手助けを必要としている問題があります。何かできることがあるかもしれません。誰でも、可能な時間に、やれることがあるのです。

日本は変わらなければいけない、
地域は変わらなければいけない、
実は私たち自身こそ、変わらなければいけない。

4 「市民道州制」はみんなのチャレンジ

●道のりは楽ではない

私たちの主張が広がって近い将来、市民道州制になったとしても、さあこれでもう大丈夫、とはいきません。国と地方の赤字を抱えてのマイナスからのスタートですから、簡単にうまくいくわけではありませんが、舞台が整ったら、もう幕は上がって、役者の出番です。私たち市民のチャレンジが始まります。こう言ったら、「これは楽しみになってきた」という感想よりは、「うまくできるか不安だ」という感じを抱く人のほうが多いかもしれません。

「私の町は財政破綻寸前とも聞いている。苦しい状況で、国が助けてくれない道州制なんてうまくいかないのではないか」

「住民の参加といっても、自分には経験も知識もないし、あまり意欲もない。周りにもそういう人が多いような気がするが住民で支えていけるのだろうか」

などの不安を覚えるのも無理はないかもしれません。しかしぜひ、この項を最後まで読んでみて、考えてみてください。

市民道州制では権限と財源が大幅に地域に移譲されます。このことは地域の可能性を広げるものですが、懸念もあります。以下の2点がよく挙げられる問題点です。

問題その①……道州間の地域間格差をどうするか

地域には現在も、大都市圏でほぼ自立しているところと、財政の赤字が深刻なところとがあり、道州の歳入には格差が生じます。この差をどうするかという問題です。

問題その②……国から地域へ、大きな権限を移譲して大丈夫か

地域づくりに関することは国から道州へ、地域に密着したことは基礎自治体へと権限が移譲され、さらに基礎自治体の運営には市民が積極的に関与することになります。今まで国に頼ってきた地方行政府や市民に行政を任せて大丈夫か、という問題です。

以下、この2つの問題を考えてみます。

●地域間格差をどうするか

今まで述べてきたように、「市民道州制」は地域の自立が前提で、補助金や交付金の制度はなくなりますが、このことが道州制導入への懸念材料としてしばしば挙げられます。「2006年現在、東京都と愛知県以外に黒字の自治体はない。ということは、東京都と愛知県は自主財源でやっていけるが、それ以外の自治体はすべて苦しくなる。これでは都市・地方の間の格差が広がるばかりではないか」という意見です。補助金や交付金はもともと、〝開発の進んだ都市部の税収を、開発の遅れた地方へ配分する〟という仕組みで、中央集権のシステムにあって、この再配分ということが国の重要な役割でした。確かに道州制になれば、道州間の所得に格差が生じるでしょう。これについては、収入の多い道州が税収の一定割合をプールし、ルールを定めて少ない道州に融通する、といった道州の自主的な協力体制をとる案が出ています。先の交付金のような国による再配分を「垂直配分」と言うのに対して、このような仕組みを「水平配分」と言います。

このような〝格差是正システム〟を道州制に組み込むことは確かに必要です。しかしその前に、この「格差」というものについて、もういちど考え直してみる必要があります。

①「地域間格差」は本当に問題か？

「格差」とはいったい何を指しているでしょうか。今、〝地域間格差〟〝格差の拡大〟など、多くは「所得格差」のことを言っています。つまり、〝お金がいくら多いか、少ないか〟という経済的な基準を問題にしています。では、〝お金持ちの地域はよくて、お金のない地域はよくない〟のでしょうか。実はこのような感覚は、今までの中央集権体制が画一的な開発を進めてきたからもつようになったものです。

地域の住民にとって必要不可欠なサービスや施設の充実がまず必要で、それ以上の〝お金で買えるもの〟は必ずしも必要なものではありません。たとえば豪華な庁舎や文化施設、高速道路といったものは、地域の財政事情に合わせて必要かどうかを選択すべきです。中央集権体制での横並びの地域開発をやめて、市民道州制で地域独自の発展をめざすなら、〝隣の町にもあるから大型ホールを〟〝隣の道州と同程度の高速道路網が必要〟などの、〝ほかと同じようにすべき〟という意識から脱しなくてはなりません。

こうして〝ほかと同じようにすべきだ〟方式を捨て去ると、まずそこで、問題となっている「格差」のかなりの部分が消えてしまいます。

「地域間には『格差』がまだまだある。これが問題である」とどこかで言われるとき、しばしば、東京とそれ以外の地域の差を言外に想定しています。東京との所得の差、東京との利便性の差、東京との文化程度の差はまだまだある、ということです。しかしこれは「問題がある」ことでしょうか？　ほかのどの地域も「東京並み」になる必要があるでしょうか？

私の町は、隣の市町村と同じになる必要はない。
東京並みになる必要もない。

②「格差」から「多様性」へ

さらに、もっと前向きにとらえる必要があります。「格差」ではなくそれは「多様性」であり、地域ごとの価値だということです。

考えてみると、たいていの場合〝所得が低い〟とされる地方は、人口が少なく産業も少ないですが、その代わりに、美しい景観や珍しい生き物、豊かな自然があります。その価値はお金でははかれない財産です。農産物が豊富にとれたり、土地が安く住居費がかからないため、生活コストが小さいというのも魅力です。

経済的な基準だけで考えれば、「道路はあったほうがいいし、年金も教育も充実していてほしい、でも税金は安いほうがいい」それだけになってしまいます。仮に「格差」が完全に解消されたとしましょう。それぞれの地域は同じような景観、同じような町並み、チェーン店の店頭に並ぶ商品の種類も同じ、人々の生活は全国どこへ行っても同じようになります（すでに、ややそうなりかけているともいえますが）。どこへ住んでもあまり変わらないという安心感はあるかもしれませんが、変化がなくてあまり楽しいものではなさそうです。そして「同じように」する過程で、歴史ある建造物や貴重な森林を失ったりすることもあり、地域の特色は薄れてしまいます。それらを犠牲にしてまで、あくまで「格差」を排除すべきでしょうか。

お金ではかれる価値だけにとらわれず、自分の住む地域を見つめ直してみましょう。空気、水、雑木林、人々の絆、伝統行事、歴史や言い伝えなど。「ないもの」「ないこと」「少ないこと」＝「格差」ではないのです。「あるもの」「あること」のほうにまず、目を向けてみましょう。**市民道州制では「格差」から「多様化」へ、この意識の変革がとても大切です。**

前述してきたように、「多様性」は将来の地域づくりに向けての、大切なキーワードです。多様性すなわち「ほかと違うところ」には、「ないもの」「足りない部分」をも含んでいます。人の手が加えられていない河川、車も通れない険しい山あいの道、ほかでは見られない星空、それらに価値が認められることもあります。これからの地域づくりで、「ないこと」や「足りないもの」や「ここにしかないもの」はすべて地域の個性であり、イコール「価値のあること」になりうるということは、心に留め置くべきでしょう。

私の町には足りないものもたくさんある。
でも、「ここにしかないもの」がある。

③多様性を尊重する一方で、セーフティネットを

このようにして、各道州が「多様性」を重視しながらそれぞれの特色ある地域の発展をめざしていく段階において、「所得格差」は、次第に現在よりは小さな問題になっていくと思われます。「所得が低くても生活にお金がかからず、楽しく暮らせる地域」ならそれはそれでよいということになるからです。

しかし、やはり先に述べたような「水平配分」の制度(107頁参照)は必要です。今活気にあふれて発展している道州でも、変化の激しい世界の中でひとたび対応を誤れば、手痛い打撃を受ける可能性は常にあります。現代の大企業がいつでも厳しい競争にさらされているのと同様です。したがって、「所得が少ない道州を助けなくてはいけない」と一概には言えないけれども、一定の基準を定め、窮地に陥った道州を支援しあうシステムは必要になってくるでしょう。しかし、「地域が莫大な借金をして破綻したら、国が何とかしてくれる」という現在の国と地方の関係と同じようなシステムにしてしまっては、道州は自己責任が問われなくなってしまいます。このセーフティネットの仕組みづくりには、各道州と、必要なら国も加わって、これから工夫を凝らしていく必要があります。

●国から地域へ、大きな権限を移譲しても大丈夫

道州制で地域が立法や徴税にわたるまでの大きな権限をもつこと、そして、基礎自治体においては、地方公務員だけでなく住民も地域の運営に大きく関わるということに、今までそのような体制をとったことがないのに、任せて大丈夫だろうかという懸念の声があります。「誰が道州制のリーダーシップをとっていくか」については、中央省庁・都道府県庁含めての大規模な人材の再編成を行えば、解決できると期待できます。

問題は、住民参加型の行政はうまくいくだろうか、ということのほうでしょう。ここにおいても、今まで通用していた「思い込み」を考え直す必要があります。

①〝公は間違わない〟という間違い

それは、〝公は間違わない〟という前提です。〝民は間違えることもあるから、役所や政府が正しく監視・管理・指導しなくてはならない〟という現在の政府が〝いまだに〟持っている大前提です。これが幻想にすぎないことは、すでに知られています。しかし、〝原則〟として残存していることが大きな問題です。

年金の基金は、無駄なリゾート開発に投資されたり、ファンドへの投資の失敗で巨額の損失を出しました。30年以上前に建設が決定したダムは、巨費を投下し、なおかつ環境を破壊する一方で、治水や利水の利益は現在では見込めなくなっていても、建設を中止することができません。地方への補助金や交付金で作られたレジャー施設の破綻もあります。何より、国と地方の1000兆円という借金の総額、すべてとは言いませんが、ここには政策の失敗があったのではないでしょうか？　しかしこれらを失敗とはみなさず、誰も責任を取りません。間違いと断定もされず、責任を取ることがないから、修正へのアクションが遅くなります。間違いを正すのが遅くなれば、その間に損失はさらに増えます。毎月赤字のレストランが店を閉める時期を遅らせたら、ますます赤字額を広げてしまうのと同じことです。

国や地方の行政府だって間違うこともあるのです。市民が手ずから行う地域の政治にも間違うことはあるでしょう。市民道州制で大切なのは、〝政策が間違う可能性もある〟という前提のもと、間違いを早く認め修正をしていけるかどうか、ということです。

②市民道州制は「やり直し可能なシステム」

市民道州制は、市民が関わって地域の政策を決定し、社会をつくっていく制度ですから、「間違えることもある」のです。重要なのは、それを織り込んだルール作りです。

政策決定に際し、【目標値を設定すること（いつまでに、どんな成果を出すか）→政策の実行にあたり、成果を検証すること→成果が出ないときは、その原因を探り、間違っている部分を修正すること→そして修正の結果を再び検証すること】という当たり前のプロセスが、今までの行政には「公は間違えない」というおかしな前提があったために組み込まれていませんでした。したがって、この章の最初（91頁）で紹介したような、行政と住民が一緒になって政策をつくったり検証

図R　市民道州制のPLAN-DO-SEE

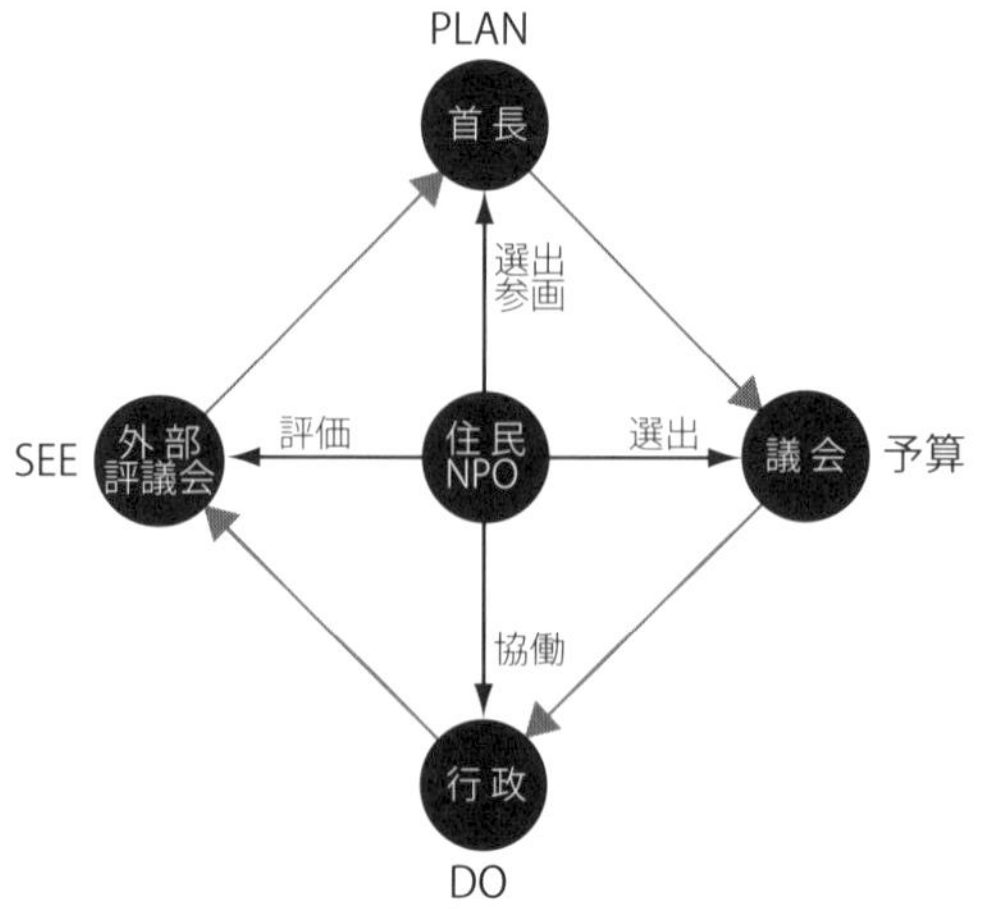

したりすることは、望むべくもありませんでした。

さらにこれからは、このプロセスがすばやく実行される、そのスピードも重要です。変化の激しい時代にあって、決定時には適していた政策でも、実施するにつれ状況が変わり、軌道修正を余儀なくされることはこれからさらに増えるでしょう。またこのようなプロセスが前提として整っていなければ、政策のすばやい決断ができません。「やり直し」のポイントは、「限られた予算」です。住民からの税金は限られたお金で、1円も無駄にはできないという思いがあれば、企業並みのコスト意識をもって、すばやい対応が可能になります。

政策決定の透明性、政策執行後の成果の情報公開、それに対する住民のチェック機能なども盛り込んで、これらを踏まえた「PLAN－DO－SEE」機能を確立することで、変化に対応できる高い弾力性を備えた、強い基礎自治体と道州になっていけることでしょう（図R参照）。

● 誰のための、何のための「市民道州制」か

市民道州制の目的は、地域を元気にすることです。つまり私たちの住んでいる町が、便利で安心・安全で、楽しい町であるということです。地域が元気だということは、私たち一人ひとりにとって、毎日の生活の満足と明日への希望があるということです。安心できる住みやすい社会では、出生率が上がります。子育て中の人や高齢者でも、働きたい人には働く機会があり、一人あたりの生産性が上がることにより経済は成長でき、結果として税収は増

え、赤字財政は好転していくでしょう。一人ひとりの幸せをまず大切にし、住みたい社会を作ることで、結果として、日本全体の再生・復活がもたらされます。

最初に述べたように、道のりは楽ではありません。

しかし、市民道州制になって、みんなで地域づくりに参加し、みんなで日本の再生をめざして進んでいけば、このような楽しい、明るい未来の日本が描けます。

COLUMN

あまりに当たり前のこと　加藤哲夫（せんだい・みやぎNPOセンター代表理事）

私はここ7～8年、自治体職員研修の講師を、年間数十回、対象数で数千人の単位で務めている。研修の最初に、ボランティア、市民活動、NPOなどの活動について疑問に思うことを書き出させてきた。その内容は、ここ数年ほとんど変わらない。地域差や階層による差もほとんどない。

疑問の第一は、「なぜあなたたちはお金にもならないボランティア活動をするのか？」というものである。もう少し敷衍《ふえん》すれば、「なぜ、そのような活動が起きるのか？」「なぜ市民活動団体が組織化されるのか？」がまったくわからないのだ。第二は、「お金はどこから来ているのか？」「ボランティアと言いながらお金が必要なのはなぜか？」である。第三に、「ボランティア、市民活動、NPO／NGO、NPO法人」という用語のそれぞれの意味と区別がまったくわからない。第四に、「NPO法人」なるものがいかなるものか、その存在理由がほとんどわからない。したがって第五に、「協働」と言われても何もわからない。

第一の疑問に対する大部分の人たちのステレオタイプの答えは、「この人たちは、無報酬で他人や社会に奉仕をしたがっている人たちなのだ」というものである。つまり、「ボランティア＝無報酬で他人や社会に奉仕したがっている人」というイメージが確固としてあるのだ。だから「お金持ちでヒマな人がやっている」と考えている。その先入観が第二の疑念を招く。「ボランティアと言っていたのに、どうしてお金が必要だったり、給料を取っていたりする人がいるのか？」である。

これに対する私の答えはこうである。私たちがしているのは（あなたたちが考えているような）ボランティアではない。「市民による自発的な問題解決の取り組み」である。市民は誰でも、わが身に降りかかる何らかの問題を、同じ境遇に陥ったもの同士、助け合って解決しようと行動するものである。それを市民活動と呼び、その解決策は、制度化政策化へのアドボカシーか、事業化市場化への市民事業の道の2通りである。私たちはボランティアをしたいのではなく、問題を解決したいのだ、というものである。これだけのことだが、このことをきちんと知って初めて多くの行政職員は理解の第一歩を踏み出す。

何より、市民は公共領域で自発的に行動しており、たくさんの成果をあげている。多くの政策や制度は市民の働きかけによってできている。その市民と協働して、社会的課題の解決を担うのが行政職員の本来の仕事だろう。そのことを正しく知ることによって、初めて参画・協働型の社会をつくることができる。あまりに当たり前で、あまりに初歩的だから、拍子抜けした読者がいるかもしれないが、これが真実である。

（かとう・てつお）

第5章

市民の道州制のために

1 国民的議論が必要だ

●まだまだみんな、道州制には無関心

さて、これまでの章を通じてはっきりしてきたことは、

私たちの望む道州制は、黙っていたら実現しない

ということです。

では、どうしたらいいのでしょうか。

まずは、政治的な論議への私たちの参加が必要です。

道州制については小泉内閣以降、政府や各政党もマニフェストの中で政権公約として掲げるに至っており、安倍内閣では道州制担当大臣も誕生しました。新聞報道でも、「道州制」の言葉をしばしば目にするようになってきています。

しかし、一般国民の道州制についての関心度はどの程度なのでしょうか？　みなさん、ぜひご自身の職場や家族・友人の何人かに「道州制を知っていますか？」と聞いてみてください。業種によっても違いはあるかと思いますが、「知らない」という答えが大半ではないでしょうか。今のところ、私たち市民側は道州制にほとんど無関心といえます。しかし道州制は、地方分権を進めるための大切なテーマです。私たちの関与なしでは、地方分権は不完全なものになってしまい、「地域が元

気になる」ことはできません。

第2章や第3章でみたように、改革への動き、道州制への動きは確かにあり、目標とする姿がわかっていながら、なかなかそこへまっすぐに進んでいけないという現実があります。そこまで進むために必要なのは、私たち市民一人ひとりが「こうありたい」と自覚して、選挙などの具体的行動に結びつけることです。

残された時間に、あまり余裕はありません。もっともっと、望ましい道州制実現のための国民的な議論が湧き上がるために、改革のスピードを上げるために、地方自治体、各経済団体、そのほか日本のこと、地域のことを考えている主体は声を大にして、より多くの市民に訴えるべきなのです。

●反対意見も大いにけっこう、市民みんなで議論を

私たちは、かくありたいと考える道州制の姿を第4章で提案しました。しかし、みなさんが自分たちの問題として受け止め、考えたその結果、そのような「市民道州制」には反対である、あるいは、道州制そのものにも反対であるという意見をもつのであれば、それも大いに表明していっていただきたいのです。とにかく、市民一人ひとりが、声を上げ、意見を持ち、議論を広げていくことが必要なのです。それぞれの意見を主張しあう中で、さらにいい提案が生まれます。

私たちの多くが、市民の半数以上が声を上げれば、日本は変わります。

2　あなたが今できること

●「ふつうの市民が何かをやってみた」事例

次に、日々の生活の中で何か、地域づくりに参加するということはできるでしょうか。具体的には何を？　と思う人も、できるだけ簡単なことから始めてみてください。まずは知ること、意見をもつこと、そしてその次には何か行動できることがあるかもしれません。

そんな例を紹介します。

○海を愛するということから始まった「沖縄　海と渚　保全会」

「海を愛する」という共通の目的・理念のもとで始まったNPO法人「沖縄　海と渚　保全会」は、理事長である田中幸雄氏によって、2000年に海の美化を目的として、マリンスポーツ愛好家などの仲間が集まって設立されました。沖縄の海はアメリカの科学誌『サイエンス』にも絶賛されたほど透明度が高く穏やかで美しく、ダイバーの間では世界一とも言われています。しかし、心ない観光客らによってゴミを捨てられ、徐々に汚染されているという残念な現状があります。「自分たちが楽しむための大切な海をいつまでも美しく保ちたい！」という率直な思いから、「まずできることから始めよう！　ゴミを少なくすることは誰にでもできる」としてスタートし、今では海浜環境教育のCD－ROMの作成、清掃活動・美化広報・海浜環境教室、他のボランティアグループへの応援などを行っています（参考：NPO法人「沖縄

海と渚　保全会」ホームページ〔http://mareclub.com/chura/〕、オリオンびあぶれいく〔http://www.beerbreak.jp/mt/archives/2006/04/npo.html〕）。

○学生と町会・商店会とのコラボレーション「五反田駅前をきれいにする会」

東京都品川区の「五反田駅前をきれいにする会」は学生と町会・商店会の協働がうまくいった例です。

２００４年11月、近くに人気のミュージカル劇場「キャッツシアター」ができ、サラリーマンの飲み屋街だった五反田商店街にはじめて訪れる若い女性客が増えたことに始まります。公演がある日は1日２０００人ものお客さんがこの商店街を通ることになります。「こんなに多くの人を商店街自身のイベントで呼ぶことは難しい。多くのゲストが、訪れてよかったと思える街づくりを」と、現在事務局の岩崎高治氏をはじめとする商店街の人たちが、歩道にプランターを設置し、花を飾ることから始めました。さらに、この地域の東側の閑静な住宅地には清泉女子大学があります。学生たちは、駅から大学までは夜も賑わう繁華街を通り抜けて行きますが、この道を朝歩くと、かなりのゴミが落ちていたりします。そんな女子大のボランティアグループが、岩崎氏ら地元商店街と一緒に、月に1度、街のゴミ拾いを行うようになりました。

２００６年春より、五反田駅前広場の維持管理をテーマにした3回のワークショップを経て、9月に正式に「五反田駅前をきれいにする会」が発足しました。地元の４つの町会、区立日野学園、区立第三日野小学校、清泉女子大学ボランティアグループ「五反田綺麗にし隊」が参加し、規模も拡大中です。岩崎氏は、「今後は地元の企業も巻き込んでいきたい。誰でも、できること、可能な時間を少しずつ持ち寄りたい」と話しています。

定例清掃のある日曜日に「五反田綺麗にし隊」を訪れ、清泉女子大学の学生に「いろいろ大変なこともあるのではないですか？」と尋ねたところ、「私は長くやっているほうですが、いろいろ今まで知らなかったような方と知り合えて楽しいです。五反田の町にも愛着が持てるようになりました」とのことでした。また、学園祭でボランティア活動のことをピーアールしたら、女子学生目当ての男子学生がかなり反応し、どの程度当てにできるかと思っていたら、清掃当日、「はじめて来ました！」という男子学生がかなり参加していて思わぬ収穫であったということでした（参考：大崎第一地域センター「地域ニュース・はなぐるま」、清泉女子大学「五反田綺麗にし隊」メンバーへのヒアリング）。

○市民と行政とのコラボレーション「I　Love　つづき」

「I　Love　つづき」はもともとは神奈川県横浜市都筑区の生涯学級での勉強会から始まりました。行政が3年間環境講座を企画し、そこに集まった仲間から活動が自然にスタートしていきました。都筑区は1994年に港北区と緑区の再編により誕生して10年になります。この街に住み、働き、訪れる人も定着してきました。都筑区の自慢は美しい町並みですが、それを台無しにしている「落書き」は本当に困りものです。区民と行政との協働により、落書き消しイベントを実行しました。

「割れ窓論」というのがあります。窓が割れているのを放置すると、さらに隣の窓ガラスが割られ、環境が荒廃していく傾向があることをいいます。壁や建物の落書きはきれいに消しておくことで、次の落書きの発生を防ぐことができます。さらに、落書きの減少と犯罪の減少は相関関係があるとの実証もあり、ニューヨーク市は落書きを減らすことで犯罪率を下げることに成功しています。この「落書きされない壁」活動はさらに進展し、公園の壁面に市民参加でモザイクタイルによる壁画を作っていくというレベルにまでなりました。この事業はNPO法人「I　Love　つづき」が提案し、横浜市環境保全局の「環境まちづくり協働事業」の助成を受けて、横浜市環境保全局・都筑区役所・横浜市緑政局との4者の協働により進められています（参考：「I　Love　つづき」公式ホームページ〔http://www1.tmtv.ne.jp/~ivtuzuki/〕、横浜市都筑区ホームページ〔http://www.city.yokohama.jp/me/tsuzuki/kusei/mosaic/index.html〕）。

●できることをやってみたら、見えてくるもの

以上の3つの例から言えることは、ゴミ拾いや落書き消しのような活動は、誰にでもできるということです。これらの事例のように、誰でも、可能な時間に、やれることがあります。「まちや自然をきれいにする」という共通の目的のもとで、普段は交流のなかった人たちの間にも交流が生まれました。そして、事例に共通して言えることですが、環境の美化にみ

んなで協力すると犯罪の起こりにくい町になり、また、大災害など緊急時にも助け合うことができます。さらに、「このまちの活性化のためにもっと何かやろう」という、まちおこしの種が新たに生まれるかもしれません。

また、このような活動においては上下関係がなく、言いたいことを自由に言うことができ、かつ、メンバーが真剣に話を聞いてくれることが多く、今までになかった〝絆〟を実感できます。このように、いろいろな面でメリットは自分に還ってきます。

そして、テーマによっては国の規制などが障害になっているため、問題点が解決に向かわないといったことが見えてくるかもしれません。自分の生活と政治や国とが向き合っていることを、感じることにもなるでしょう。

●まず簡単にできる、こんなこと

①情報をとろう、そして判断しよう

各メディアには以下のような特徴があります。

テレビ……情報を最も手軽に入手できるメディアとして、多くの人がテレビを挙げます。時間枠が限られているので、一般的なニュースは主要なもののみにとどまります。また、受動的に情報を受け取るのみです。あの事件のその後は？といったような自分が個別に知りたいことがあったとしても、教えてはくれません。

新聞……そこで、自分から働きかけることによって情報を得られる一番手軽で豊富な情報源としては、新聞が挙げられます。新聞の情報は多岐にわたっていて細かく、あとで読み返すこともできます。読む際の注意点としては、主張を鵜呑みにせず、「また一般会計の話を出しているけれど、特別会計も入れないと意味がないのではないか」「今回の改革案ではどこが具体的になったのだろうか」など、自分なりの考え・視点を持って受け止めることです。基本的にすべての新聞社が中立・不偏不党を掲げていますが、論調の違いにも注意してみます。また、地方紙や全国紙の地方版（地方欄）も注目してみてください。「近所の図書館の開館が土日・夜間に延長されたから、行ってみようか」「駅前の治安がよくないらしい」

など、身近で役に立つ情報が得られることもあります。

ネット関連……各報道機関のホームページやポータルサイトでも主なニュースを読むことが可能です。また、インターネット検索エンジンを活用しての情報収集が手軽にできます。ここで注意しなければならないのは、報道機関のホームページはともかくとして、ブログなどの情報は正確さの保証がないことです。しかし、ネット上でさまざまな情報に触れ続けていると、怪しい情報と信憑性がありそうな情報を見分けられるようになります。

年齢や生活形態によって情報源の優先順位は違いますが、メディアを使いこなすといろいろなことが見えてきます。テレビや新聞の大見出しで主要な流れを知りながら、気になること、疑問に思ったことについては、新聞の細かい欄やネットの情報を読んでみるというように、それぞれの特徴を活かして使いこなすことが理想です。そうすると、今話題となっていることについて、自分なりの意見・立場をもてるようになります。メディアがこぞって賛成していることにも何だか反感をもつこともあるでしょう。自分で感じたその感覚を大切にして確かめてみることも重要です。

②自治体発行の広報紙を読む

自治体の広報紙には、歳入および歳出の内訳、市町村合併に伴う住民サービスや具体的な手続、まちの話題、イベント情報などが掲載されています。筆者の町の広報紙では行きつけの診療所の医師のコラムを読むことができました。また、無料法律相談を開催していることもわかりました。市政モニター等も募集していることもあります。余談ですが、現在首都圏の市議会議員がまだサラリーマンだったころ、たまたま市の広報紙を見ていたところ市議会議員選挙の説明会のお知らせが掲載されていて、実際にその説明会に参加し、「私も立候補していいんですか？」と質問したところ、「もちろんです」と回答され、本当に立候補し、議員になったという人もいます。

議員になろう！　ももちろん大いにけっこうですが、そのほかにも、議会の傍聴、学校や施設の見学、公聴会など、地域の情報を得られる機会が多くあります。また、無料の講演会や講習で視野を広げることもできます。起業貸付金の案内など役立つものもたくさんありますから、積極的に利用しながら、地域行政に触れる機会を多くもってみてください。

図S　あなたの税金1万円の使い道　説明図（川口市）

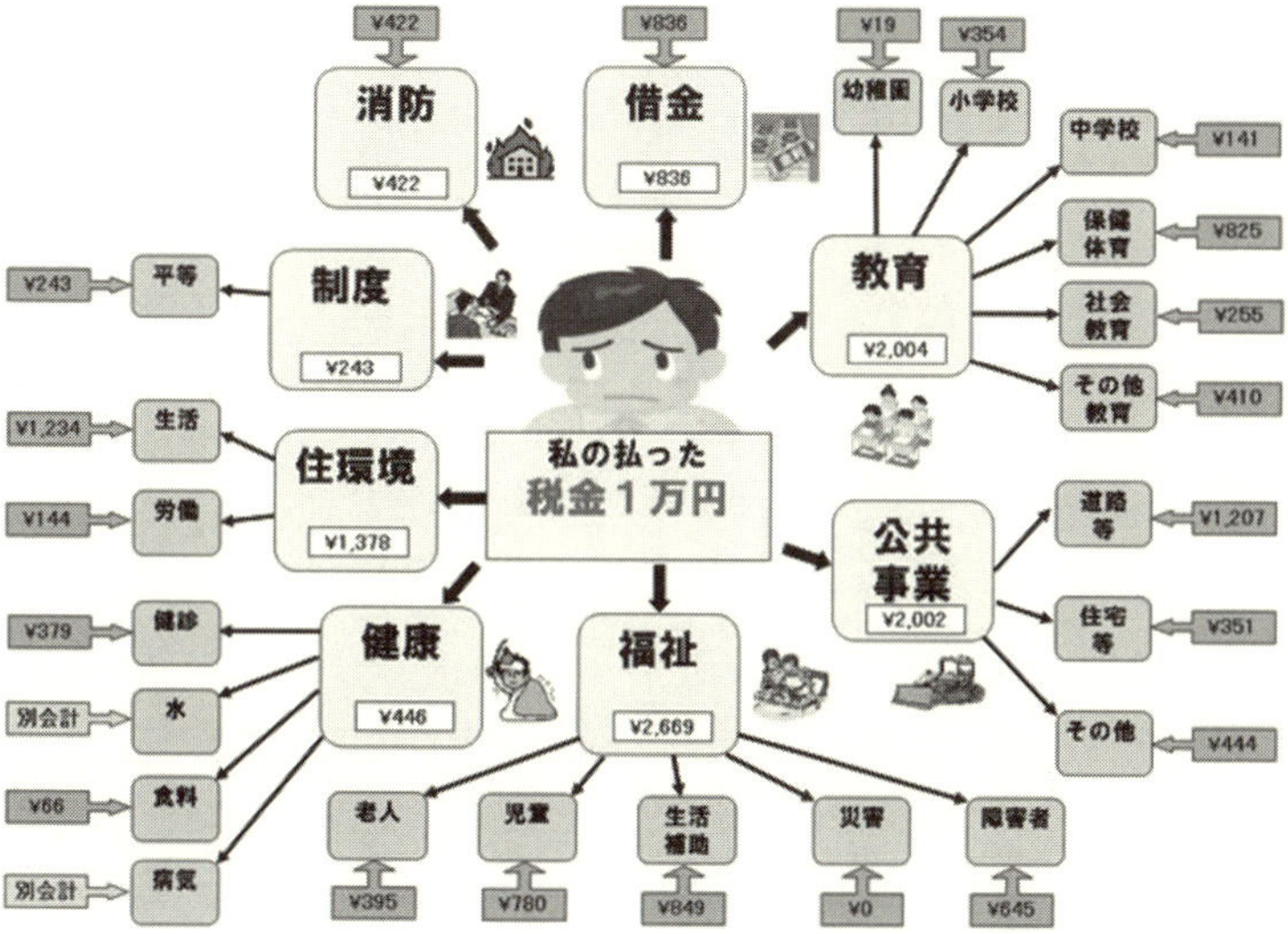

③税金の使われ方を調べてみる

自分の支払った税金がどのように使われているかご存知でしょうか。多くの社会人は、源泉徴収により税金を支払っているため、使われ方どころかいくら支払っているかも知らない人が多いのではないでしょうか。

税金とは、社会保障、防犯、教育、社会資本の整備などの重要な公的サービスや事業の原資ですが、昨今は裏金作りが発覚したり、天下り団体に税金が投入されているなど、不適切な使われ方の事例に事欠かないのが現状です。市民が税金の使われ方に関心をもちチェックすることが、きわめて重要になってきています。そして税金の使い道を知ることは市民の権利です。

ではどうやったら税金の使われ方を知ることができるのでしょうか？

まずは、地方自治体のホームページを見るとよいでしょう。ほぼすべての地方自治体のホームページに予算と決算の概要書が掲載されています。また、たとえば横浜市では〝ヨサンのミカタ〟という広報誌を発行してます。図表中心で、1年間の収入（歳入）・支出（歳出）だけでなく財政状況や予算のポイントを解説してあり、非常にわかりやすい内容になっています。

また、市民の取り組みとしては、NPO法人「一新塾」の出身者が立ち上げた「社会経営システム研究所」（http://www.smslabo.com http://civilsociety.seesaa.net/）は、「あなたの支払った税金1万円の使い方」と題した図表を作成しています。自分が住んでいる自治体の1年間の支出を1万円に換算して、どのような目的にいくら使われているかを1枚の図で表現し、市民に税金の使われ方を考えてもらうことに注力しています（例として川口市の場合を掲載します〔前頁図S〕）。

④議会を傍聴する、またはタウンミーティングに参加する

自分の住んでいる市区町村の議会を傍聴したことはあるでしょうか。見ると聞くでは大違い、一見の価値がありますから、ぜひ行って見てください。

必要な手続は役所の議会事務局等で確認できます。議会は通常平日の日中に開会されるため、仕事がある人は休みをとらなければならないのがちょっと不便ですが、それ以外は何も障害はありません。誰でも傍聴可能です。

このほかには小泉内閣以降、全国各地で開かれているタウンミーティングに参加することです。政府のタウンミーティングは2001年6月にスタートして以来、開催回数は170回を超え、のべ6万人以上が参加しているとのことです。2006年には道州制をテーマとしたタウンミーティングも開催されました。ところで、内閣のタウンミーティングについては「やらせ問題」が表面化し大きな問題となりましたが、参加者がもっと活発に質問して、やらせ自体が成立たなくすればいいのです。一般の参加者が積極的に参加・発言しましょう。

また、このようなタウンミーティングを実施しているのは政府だけではありません。名称や規模こそ違いますが、同じような主旨の誰でも参加できる会合を国会議員や地方議員の多くが全国各地で開催しています。議員は有権者の生の声を聞きたいのです。また、地方自治体で開催しているところもあるでしょう。ぜひともこれらにも参加してみてください。

そして、疑問に思ったこと、日常生活で困っていることなどをぶつけてみてください。

図Ｔ　第44回衆議院議員選挙全国年齢別投票率

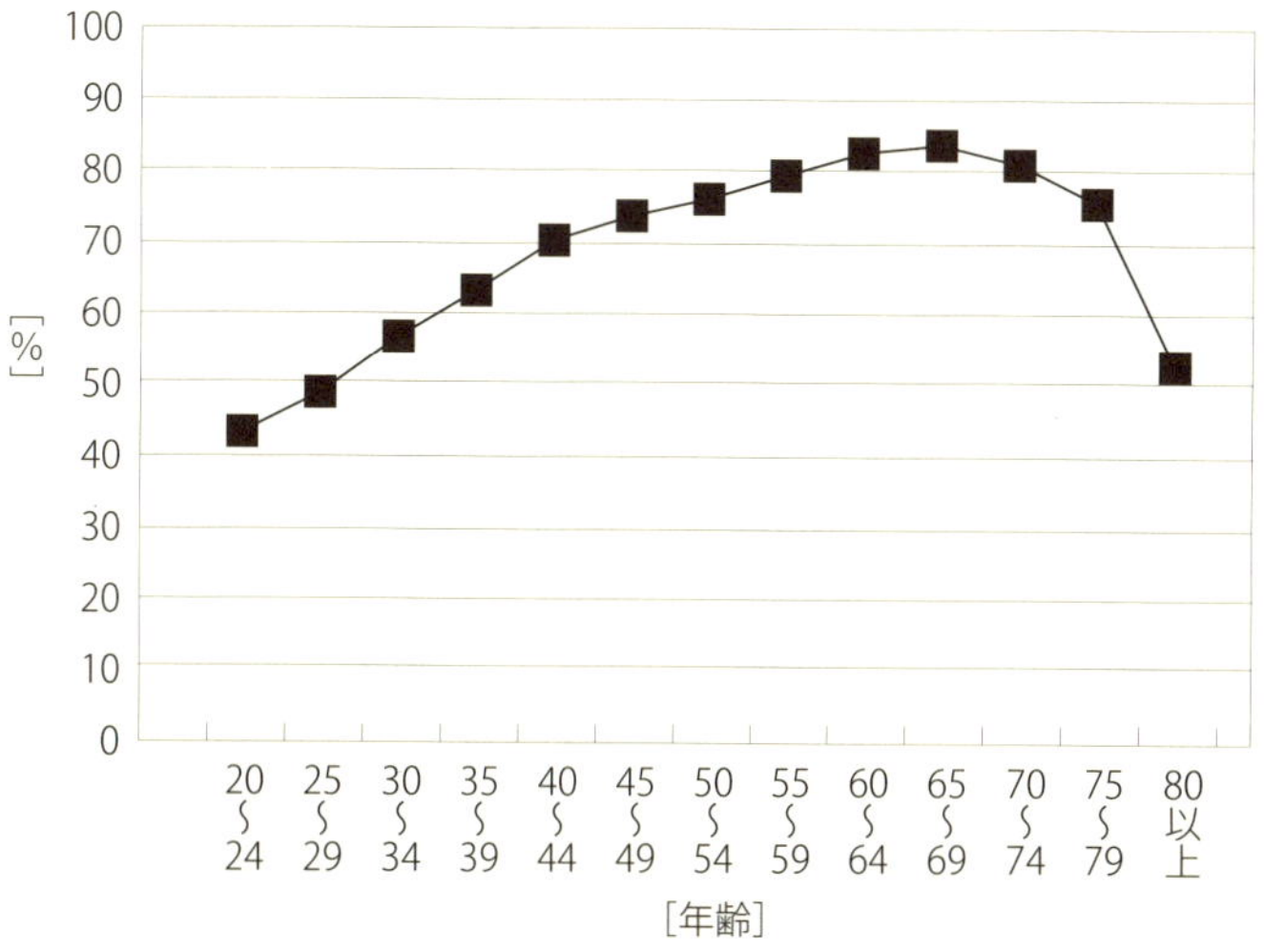

（総務省自治行政局選挙管理部監理課のデータをもとに作成）

⑤選挙に行く

誰でも一定の年齢になればできる、基本の政治行動が選挙です。選挙は「立候補する」という行動と「投票する」という行動があり、「立候補する」という行動は誰でも簡単に、というわけにはいかないかもしれませんが、「投票する」という行動は20歳になれば誰でも可能です。

国民全員に投票権がある「普通選挙制度」は今でこそ、水や空気と同様、当たり前のように思われていますが、この制度の確立までは決して平坦な道のりではありませんでした。制度として確立したのは１９４５年（実施は１９４６年）でした。世界的にみてもいまだに普通選挙の実施されていない国が多く存在しています。

さて、非常に基本的な政治行動である投票行動ですが、投票率をみると図Ｔが示すように、一般に若年層ほど低いと言えます。将来最も影響を受ける若い年代層の投票率が低いのは皮肉としか言いようがありません。投票に行かない理由としてよく聞かれるのが、「私一人くらい投票しなくても、別に変わらない」「別に誰が議員になっても世の中は変わらない」といった世の中を半ばあきらめたような発言です。

一人ひとりの投票行動は、そんなに無力なのでしょうか。過去の例をみると、２００５年９月11日の衆議院議員選挙の結果は与党側の大勝利でした。たとえば東京都および神奈川県における実際の得

表13　東京都および神奈川県における衆議院議員選挙小選挙区政党別獲得票数

政党名	都道府県名	2005年 衆議院議員選挙	2003年 衆議院議員選挙	増減
自由民主党	東京都	3,276,270	2,299,464	＋976,806
	神奈川県	2,435,656	1,726,126	＋709,530
民主党	東京都	2,390,033	2,400,609	−10,576
	神奈川県	1,564,457	1,526,057	＋38,400

（総務省統計図書館統計相談室データをもとに作成）

票数でみると、大幅に議席を減らした民主党も、獲得票数はその前の総選挙の得票数とあまり変わっていませんでした（表13参照）。ここからわかることは、これまで選挙に行っていなかった人たちが与党側に投票したために、このような与党側の大勝利となったということです。小選挙区制度という制度がこの傾向をより一層顕著にしました。投票率は東京都で7・24％（ポイント）、神奈川県で9・30％（ポイント）の伸びでした（いずれも小選挙区のみの投票率）。小選挙区制では、このように投票率が少し伸びただけでも選挙結果は大きく変わるのです。このときは与党圧勝でしたが、投票率が1ポイント変化するごとにこれがどう変化するかまったくわからず、逆転の可能性も大いにあるのです。

今まで投票に行っていなかった人たちが投票に行くということは、世の中を大きく変えるための一番簡単な起爆剤なのです。

ちょっと余談になりますが、最近、投票済み証を持参すると商品やサービスが割引で購入できる、選挙セールなるものを実施している商店街もあります（参考：選挙セールドットコム〔http://www.senkyosale.com〕）。

第6章

2020年、「道州制」後の日本

この章は、道州制になった日本の、想定ストーリーです。私たちは、地域は、そして日本はどうなるのか。たとえばこんな姿です。

2008年、日本はまさに戦後最大のターニングポイントを迎えていた。90年代後半からずっと、大量に発行してきた国債が一斉に償還期を迎え、国際的な金利の上昇の影響もあって、その額はついに年間100兆円を超えた。一方、2007年に「プライマリーバランスの均衡と、中央集権であった日本の統治システムを抜本的に変革する手段としての道州制を3年後までに実現する」とうたい、就任した若手の旗手であった総理大臣は、さまざまな抵抗に遭い、前者については実現の見込みすら立たず、一般会計の単年度の収支が約50兆円の赤字、道州制についても地方への権限移譲はほとんどなく骨抜きの状態で国会審議中という状況だった。

そんなとき、事件は起こった。第10XX回の国債入札で申込みが1倍を切ったのだ。長短金利は暴騰し、国債価格・円の価値は暴落、日本の財政状況を嫌った海外投資家マネーは日本から一気に資金を引き上げたため株価は連日のストップ安となった。日本全体を襲った大不況は税の大減収を生み、公共サービスにも大きな影響を与えた。ハイパーインフレの中、国・地方の借金は膨れ上がり、破綻自治体が相次ぎ大混乱が続いた……。

やがて、市民は気づき始めた。この国の仕組みがおかしい。私たちが立ち上がらなければ。そして政権を維持できなくなった与党は解散総選挙を行わざるをえなくなった。選挙戦は熾烈を極めたが、従来の枠組みでは納得がいかないという市民の声が高まり、投票率90%を超える総選挙の結果、政界再編が行われ、生活者主権や道州制をうたった市民党が政権を奪取し、多くの市民団体や市民と協力のうえ、日本再生が始まった。

時は流れ、2020年。2010年に自主自律道州制法が成立したあと、各地域は順次道州制を導入し、10年が過ぎた。日本は「戦後第2の復興」と世界から呼ばれるほどの驚異的な回復、そして発展を遂げていた。日本を10の道州（北海道、東北、関東、中部、北信越、近畿、中国、四国、九州、沖縄）に分け、権限や財源を大幅に基礎自治体と道州に移譲し、地方それぞれが独自の施策を大胆に打ち出して復活してきた。

1　人々の暮らしはこう変わった

○サラリーマンの藤田君からの報告

ボクはS市で生まれ、S市で育った。大学は東京のW大学に行き、その後、商社で働いていたが、親父も体があまりよくなく、やはり地元に戻ることにして、今、新しくできた農業株式会社で営業をやっている。

ちょっとS市の説明をすると、ここは東京から新幹線で1時間半、関東道の端に位置する。市といっても、15年前周辺の町村と合併したものの、今も大部分は本当に田舎だ。ほとんどの土地は広葉樹林で囲まれ、あとは田んぼとイチゴ園と温泉。そして街の中心部は郊外にスーパーができたおかげでシャッター街。そんなよくあるタイプのこの街にも、道州制はやってきた。

道州制がやってきてまず変わったのは、道憲章に基づき、市長が情報を積極的に公開し始めたことだった。

「わが市にはお金がありません。市の収入は支出の3分の1しかありません。支出を大幅削減するために、私の給料は80％カットします。市職員の給料も削減します。大型公共事業も中止します。でも、まだまだ足りません。ですから、S市のためにみなさんの力を貸してもらえませんか？」

最初はみんな怒った。「バッハホールをつくったり、山奥にたいして使わない2車線道路を作ったり、今までずさんに予算を使っておいて、今さら何だ！」市庁舎前で連日デモも行われた。でも、みんな前から薄々このままでいいんだろうかと思っていた。だから、いつまでも怒っていてもしょうがない。やるしかないと思った。

まず急務は老人介護だった。高齢者率はすでに40％、とくに山村に多い。介護に回る〝もみじ組〟が市役所の人と民間共同の当番で組織された。ボクの母親もその当番に加わった。1日おきに軽自動車で山村の過疎地域を3軒ずつ回る。ほとんど寝たきりのおじいちゃん、おばあちゃんは涙をポロポロ出しながら、「よく来てくれたねえ」と喜んでくれる。身の回りの世話と買い物、ゴミ出しなんかをしてひと段落。あとは、もっぱら話し相手。母も家族の四方山話などで意外とリフレッシュしているらしい。1日活動すると〝社会活動券〟というクーポンが市からもらえる。介護のほか、公園の清掃、道路整備、保育などでこの〝社会活動券〟はもらえる。それをためて将来自分で使えるんだ。お金を持っていてもどうなるかわからないこの世の中、よき老後の蓄えになるかもしれない。いや、ひょっとしたらならないかもしれないが、そうだとしても、今みんなが力をあわせなくては。

次に問題なのは治安対策だった。近くの市で児童の誘拐事件が起きたこともあって、みんな神経質になっていた。しかし、わが市だけでなく道にも予算がないので、警察の人員も減らされている。そこで町内会で相談し、会社帰りのサラリーマンなどによって夜回り組が組織された。ボクも隊列に加わった。市のシンボルであるイチゴ模様のTシャツと鉢巻を巻いた通称〝イチゴ組〟だ。実際に〝イチゴ組〟の隊列に参加するのは週に1回。でも、面白いことにそれ以外の日も街を歩くときに、街の様子を気にするようになった。ついでにゴミとかも拾ってみたりする。地域の人たちもボクたちを応援してくれて声をかけてくれる。ボク自身が街を守っている、そんな誇りがボクの中で生まれていた。

さて、やはり産業が起きないことには、税収も増えないし、雇用も確保できない。公共事業の削減で、建設従業員ほか、多くの人たちが行き場を失っていた。

市長の提案でセカンドライフタウン構想が始まった。近くの温泉とイチゴ園、山々が見える風景。大都会に住んでいた人たちにここで〝気分爽快〟なセカンドライフを過ごしてもらいたい。思い切って、土地または古民家を市で借り上げて無料で貸し出し、その代わり2年は必ず住んでもらう。さらに税制優遇で新規転入者には新改築の税が控除された。これで、建設業者の仕事も入るし、ある程度所得のあるシルバーの方たちがくれば、お金も落ちる。しかし、宣伝費用はない。そこで、市職員たちは東京や埼玉の自然・農業関係のNPOを回った。そもそもそういうNPOに入るような人は田舎に住むのが興味あるらしい。見学に来た人たちを市長はもちろん、市民みんなで歓迎した。

最初の数組が転居してきた。そして、噂は早いもので、1年以内に100組を超える世帯が転居してきた。やはり田舎に住みたい人は多いのだ。ただ、地元に溶け込めるかどうかが不安なのだと思う。地元で歓迎されるのがわかれば人はやってくることがわかった。そして、転居してきた人の多くが言った。

「都会ではギスギスした生活をしていて、近所の人ともあまり話をしなかったけど、ここに来て、地域の人たちと話をし、そしてゆっくり温泉につかるのが本当に楽しみ」

転入者の中にはシルバー世代だけでなく、フリーターもいた。彼らの多くは金がないので、ただで住める家がほしいというのが動機だが、都会から離れて、もう一度まじめに仕事をしてみたいとも思っていた。やがて、イチゴ園の中核的な働き手として活躍してくれるようになった。そのうち、たまにだがやってくる中国やアメリカからの観光客の間で、S市のイチゴは大変美味しいと評判になった。彼らの新鮮なイチゴを食べたいという要望に応えて、どうやったら早く出荷ができるか考えられた。農業株式会社の営業であるボクの出番だ。中央集権下では面倒だった農作物輸出だが、今ではS市で手続をして、2時間離れたA空港から輸出ができるようになっていた。この空港も以前は週に2便しか飛行機が発着しないさびれたところだった。

ボクがこの空港と航空会社に働きかけて、毎日使う約束と引き換えに、格安料金で飛んでもらうことになった。最初はすごい賭けだったが、ボクにはS市のイチゴの美味しさは海外に売れるという確信があった。そして、今では毎日、香港、北京を往復してイチゴを出荷し、かわりに観光客を連れてくることとなった。そして、ブランド名をつけていなかったこのイチゴはいつしか、〝S noICHIGO〟というブランド名でアジア各地に出回るようになった。

S市のイチゴだけでなく、モモ、ブドウといった果物は日本各地から輸出されていった。実は繊細な技術が必要な果物は日本産が一番美味しいのだ。ただ、それを発揮する場を国の農業政策に奪われていただけだった。

こうして、S市も道州制時代の新しい歴史を刻み始めていたとき、事件は起きた。転入者の元フリーターが夜中に鳴らすドラムの音がうるさいと、隣のおじいちゃんと口論となり、おじいちゃんが家宝の日本刀を持ち出して切りつけたのだ。幸い大事には至らなかったが、転入して来た人と昔からいる人、お互いの文化の差を埋めるコミュニケーションがまだまだ不足だと痛感した。

そこで、〝イチゴ組〟、〝もみじ組〟、市の職員が中心となって、次の夏祭りを大きなダンスイベントにしようというプロジェクトが発足した。実はボクの趣味はラテンダンスで、浅草サンバカーニバルで優勝したこともある。そこで、ボクと夏祭り実行委員会が企画して、みんながそれぞれできるダンスを老若男女問わず、踊ることになった。ボクたちは今こそ出番とばかり、3カ月前からレッスンを開催し、各家庭からの参加者とともに、公民館で毎晩練習した。盆踊り、フォークダンス、サンバやサルサ、おじいちゃん・おばあちゃんの驚くほどノリのいい地元の踊りや、子どもたちのパフォーマンスなど、準備は整った。祭りの当日、参加率はなんと97%だった。おばあちゃん、おじいちゃんも孫のような子と照れくさそうに踊りながら、楽しんでいた。この祭りの大成功で、ついに街がひとつになった気がした。ボクもおかげでこのイベント以降、継続的に、ダンスのインストラクターの社会活動もすることとなった。これにはちょっとだが報酬も出るので、やりがいもありそうだ。

今、ボクはわがS市に誇りと喜びをもって生活している。東京には年に1回くらいは行くけれど、ネットで何でも手に入るし、今は行く必要性は感じない。昔だれもが東京に行っていたのは、日本の中心に行きたいという気持ちだったのだろうか。でももう必要ない。なぜなら、ボクにとって世界の中心はS市だから！

◯公務員の寺元君からの報告

「何だ、またあいつは休みかよ！」

上司の怒った顔が目に浮かぶ。風邪で休む、と言ったが実際には仮病なのは、たぶんバレている。だけど、有給範囲だからとやかく言われる筋合いはない。私は20代の地方公務員、県庁職員。今は、こうして「自主休暇」でも取らないとやってられない気分なのだ。仕事は大部分、国の出先機関との調整で、延々とやり取りが続く。入庁当初は私も若く張り切って、いろいろと提案をぶつけた。私の町は田舎なのに、公園らしき公園があまりない。趣味の模型飛行機を作成して甥っ子と空き地で遊んでいたら、「そこは国の管理地で入ってはいけない」と怒られたので、国の遊休地を公園として利用できるようにならないかと聞いてみたが、「できない」との答え。理由を聞いても返ってこない。仕事でも同じように国が「できない」というばかりで、それを私は関係各方面に伝えていくのだ。やってられるか。大学時代の彼女は東京へ出て就職したので遠距離恋愛だったが、最近別れてしまった。「あなたには昔のような熱意が感じられない」とか言われて。腹いせに、私はタバコの吸殻を国の空き地へ投げた。吸殻ポイ捨て禁止条例は、実はこの町にもある。しかし、誰も守っていない。私が公務員であることがばれたら少々まずいが、ばれることもない。

……これが、8年前の私の姿だ。

私の生まれ故郷のK市、中国山地の分水界から日本海にいたる人口10万弱の地方市を紹介しよう。以前は、底引き網の水産業や地場の窯業、わずかな農地での零細農業などを産業とする3市14町村、すべてが過疎の町による合併であった。実際の基幹産業が公共工事であったことは言うまでもない。合併した市は、壮絶な自立への取り組みを続けていた。職員の縮減、歳出の徹底削減、特例債の利用の見直しなど。市長は、市民ととことん議論していく道を選んだ。市の財務状況、職員の給与まですべてさらけ出し、すべての業務の洗い出し、見直しを市民と行った。議員にも理解を求めた。市民と行政と議会の三者が、はじめて気持ちをひとつにして取り組んだ。

キーワードは見つかった。「一緒に汗をかくこと。一緒に動くこと」。それしかなかった。三者による検討は、三者による行動へ進んでいった……。

5年前の道州制の導入によって、県は中国道となった。道庁に行くか、基礎自治体に行くかという人生の選択を迫られ、結局K市の職員を選んだ。道州制により、県の仕事はほとんどが基礎自治体である市の仕事となった。国の仕事が大幅にやってきた中国道庁にあまり魅力を感じなかったのは、「管理地」についてのあのときの記憶のせいかもしれない。

私がまず驚いたのは、市長の歓迎の言葉だった。数名の県職員からの転職組を前に、市長は言った。

「きみたちはK市のために働くことを、よく決断してくれた。K市が元気になるためにできることを、市民や議員の人たちと一緒になって考えよう。そしてきみたちは実行部隊として、新しいことにも恐れずにチャレンジしてほしい。責任は私が取る。今年度の目標を以下のとおり、発表する……」

何だか、以前の職場では聞いたことのないセリフだ。役所ではなく、新規事業をスタートする会社みたいだなと思った。でも考えてみたらまったくそのとおり、道州制での市の仕事は新規事業なのかもしれない。

私に新しく与えられた業務は、K市の地域おこしだった。道州制に変わったといっても、以前から苦しい財政状況に変わりはなく、町には疲弊の色が濃い。新しいことを試みる予算も乏しい。しかし考えてみたら今まで、お金をかけていろんなことをしても、地域おこしはできなかった。市民が「無駄遣い」と陰で言っていたのを私も知っている。何かほかの方法でできることがあるはずだ。

まず取り組んだのが、以前歳出削減で廃止となった「過疎バス」に替わる市民の足の確保だった。コストはかけられない。私の提案で、市職員が交代で運転手を勤めることにした。そして、高齢者宅を巡回し、介護サービス、弁当宅配などをこなしながら各地域を回り、地元の人々の生の意見を集める相談会を開いてヒアリング調査も同時に行った。私が雑用もこなしながら話しかけると、今まで公務員とそんなふうに関わったことはなかったと最初はみんな驚いたが、やがていろいろと話を聞かせてくれるようになった。そうすると、高齢でもまだまだ働く意欲のある人たちが、自宅にいて何もできずにいることがわかった。

となると、次は働く場の提供である。企業といっても建設会社以外に大きなものはほとんどない。私がまず注目したのは地場の、衰退しつつあった漁業だった。魚類は需要が伸び悩んでいるが、そのまま調理できるよう、加工度をあげるとスーパーなどで人気がある。地元のおばちゃんたちを集めて、おいしいメニューの検討会をした。地元でしか食べられていない、とっておきのメニューがたくさんあった。そこで、味噌味の海鮮鍋、オイル付けのカキ、レンジ調理でおかずになる魚フライなどを冷凍食品として開発した。もちろん、考案者のおばちゃんたちが商品開発の主役となり、その後も製造・販売を手がけてくれた。私は州都に本社を置く中堅スーパーに営業に出向いた。総括提携を行い、生産から販売に至るまで、すべての工程をスーパーのノウハウで管理し、安全で安心なブランド食品を提供するシステムが完成した。そうこうするうちに、小さな漁協が外貨を稼ぎだしたのである。規制緩和により、小規模漁港でも対世界への輸出入が可能となった。中国・東南アジア向け輸出が始まった。今まで「不可能」とされてきた、外貨をかせぎ、法人税を払う企業が出てきた。

ところで、例の国が管理していた空き地はその後民間に売却されて、駐車場になっていた。しかしさびれて、売りに出ていた。この土地を市長にかけあって格安で買い取り、市民のための公園にすることになった。市民たち自身がプランを作り、土木工事の予算を削減するために、週末ごとに市民ボランティアが集まって公園造成を少しずつ進めている。私も含め、市職員も参加する。あのとき私が不満を抱いた「お役所」は、もうない。

ひと休みしようとタバコを取り出しながらふと見ると、立ち木にトンボがきて留まっている。ここの公園でもう少ししたら、子どもたちが虫取りなんかができるかな。生まれたばかりのわが息子と、私も一緒に来られるだろう。実は2年前、昔別れた彼女と再会し、結婚した。彼女は東京の会社が倒産して、故郷へ戻って公的サービスへの人材派遣業のNPOを立ち上げていて、仕事で再会したのだ。「道州制」は私をずいぶん変えたものだ。今も禁煙はできずにいるが、もう投げ捨てなんてできない。市民のほとんどに私は顔を覚えられてしまったのだから。

○ OLの月山さんからの報告

私は東北道M市在住の25歳OL。映画やドラマ等の製作関連会社で経理をやっている。社員は7人。社長は地元出身で、3年前に起業した。テレビをつければ、全国ネットが30チャンネル、道州限定ネットが60チャンネル、webではもっとたくさんの配信局がある。決して楽とは言えないが、お陰様で経営は今のところ順調だ。たまに社長が持ち帰る有名人のサイン色紙の奪い合いが、多少大人げないと思う以外、この会社にさしたる不満はない。

昨日、私の元にも、ついに市内の小学校からSPレターが届いた。1カ月先の社会科見学の引率を要請する手紙である。SPとは「スクールパートナーズ」(School Partners)の略。市民による学校ボランティアの一種で、学校内の業務のほとんどが対象となる。特殊技能を活かして授業を受け持つこともあれば、経理や総務等の仕事もある。私のように仕事を持つ者は1日で完結する業務が一般的だが、形態はさまざまだ。ほかに、SS(スクールサポーターズ)(School Supporters)というのもあり、こちらは少し報酬がある。主婦やリタイヤした人などがSSに長期契約するケースもある。

市では、幼・小・中・高の学校から要請を受けて、20歳以上の市民全員が年2回以上のSP活動を行う義務を負うことが条例で定められている。これを拒む場合は別な要員を立てるか、補填金を支払う。また東北道内の法人は、社会貢献法により、社員のSP活動を有給扱いとすることが定められている。

実は、このSP制度をはじめとする教育大改革こそが、東北道、とりわけM市への転入者を増加させ、ひいては世帯数の増加、ならびに税収の増加を生む大きな要因となったのだ。転入者は小学生の子どもを持つ世帯が多く、今では、よそで生まれた子どもがみんなM市に吸い上げられるのでは……との皮肉も冗談で飛び交うまでとなっている。M市の学校教育の質は高いのだ。しかもお金がほとんどからない。SPとSSにはかなり優秀な経歴・職歴を持つ人も多く、かれらは持てる資質を教育現場に思う存分発揮してくれている。授業メニューは、「たのしい算数」「星を見に行こう」「ロボットの修理のしかた」「今日から儲かる株取引」など……。風邪の子どもが泣いて学校に行きたがるほどそこは楽しく、気がつけば塾にも行かず、学力と発想力、社会性を養うことができ、希望すれば地元の大学も無試験で入り、場合によってはタダで卒業しちゃいました……、という具合。

教育改革の目玉のもうひとつが大学改革。道内の大学入試制度の廃止と独創的な奨学金制度だ。道立大学は、希望する者は誰でも入学できる。さらに奨学金コースを選択すれば、入学時にも一切お金がかからない。しかし、本気で勉強しなければ順当に4年で卒業には至らない。卒業できない者も多い。上位2割以内で卒業すれば、道内に本社のある企業に7年以上在籍するか、道内で起業することを条件に、学費が全額無償となる。「将来の納税者になれば」ということだろう。少々現金な発想とも思えるが、実はうちの社長も、そして私も、この制度を利用した。それで「同じ奨学制度仲間じゃな〜い」と、社長が私のご機嫌をとる際、猫なで声を出すのだ。

この制度により、確実に優秀な人材が東北道内の大学に集り、そして、留まり、生活の基盤を置くようになってきた。人材を求めて企業もやってきた。先日も某有名メーカーS社や通信関連企業Y社等が東北道に子会社を相次いで設立し、話題になった。

先ほどから登場するSP制度も、幼・小・中・高校に大きな変革をもたらし、この街の人づくりを支えてきた。SP制度は15年ほど前に、「子どもは大勢の手によって育まれるもの」という発想から、M市の某中学校の校長が始めたものだ。試行錯誤を繰り返したが、次第に市民の協力と支持が集まり、M市全域の公立学校に広がった。学校の運営が、学校と市民が協働で携わるコミュニティスクール形態をとっていたことも政策の早い浸透を実現させた理由だと思う。「よそで良い結果を得たものは、うちでもやってよ」という単純な親心がパワフルな起爆剤となった。

私が高校生のころには、学校内には日常的に、町内の大人たちがいるようになった。子どもたちと同様に登校し、下校していくのである。私たちは「SP」と呼んだり、「先生」と呼んだりしていた。毎日職員室で電卓をたたいている人がいるかと思えば、電球を替えるだけの人もいる。学校カウンセラーや保健師の場合もある。

この制度は、学校内の膨大な業務効率化やコスト削減に役立った。その浮いた分をどうしたか。M市では教員の給料に当てたのだ。現在、市内の教員は、専門職として給料も驚くほど高い。だから人気だし、誰もが認めるあこがれの職業だ。しかしその分、教員は猛烈に働き、努力もする。土日も特別教室と称して学校に行くし、良い授業をしている学校を訪れ勉強し、自分の授業スキルを向上させる。子どものメンタル面においても、SPと相談したり、夜に親を訪ねたりもする。それだけの給料を得ているのだし、手を抜けば、子どもたちからの評価が下がり、次期契約はできない。教員の給料が安かったころは、教員の解雇のみが先行して入れ替わりが激しく、子どもにとっても良い結果とはならなかった。ここまで給料を上げられたのは、SP制度によるコスト削減がベースにあったからであり、もっと言えば、SP制度を支える市民・行政・民間企業のスクラム体制があったからなのである。

「人」はすべての源であり、その「人づくり」にお金と労力を惜しまないという政策が、「人」の共感を呼び、各地から「人」を集め、企業までも集める結果が出ようとしている。

私も来月は有給休暇を取って、初SPとして「社会科見学」の引率だ。見学コースも考えてほしいと言われているので、私の職場にかけあって、何と、有名な俳優が参加する映画撮影の現場を見学できることになった。子どもたちはエキストラとしても参加する。私としても少々鼻が高い。忙しい時間のやりくりが少し面倒くさいが、社会の一員としては、一人前の大人になったような気持ちもしている。

2 変貌を遂げた「道州」の姿

○ 北海道

日本の道州制導入に大きな役割を果たした、北海道民の皆様にまずは敬意を表したい。道州制特区という小さな実験事業ではあったが、道民を上げての議論・行動が国全体へ波及し、道州制実現へ結びついた。

まずは、特区でのロシアとの交流プログラムが成功した。市民レベルでの熱いアプローチがロシア新政権を動かし、国後島が相互自由交流地域となった。両国に免税店が設置され、文化施設や宿泊施設も整備された。道州制が本格導入されたあとは国後島を拠点とした千島列島クルージングやシベリアトレッキングツアーが人気となっている。

ビジネスも生まれた。ロシアと北海道については、特別な自由貿易協定（ＦＴＡ）が認められ、ロシア極東の資源が北海道に送り込まれ、北海道からは、農産物から工業製品までさまざまな製品を輸出している。ロシア全土への物流の窓口として定着した。もはや北海道とロシア極東は運命共同体となっているようだ。

もうひとつ新しいビジネスは、金融マーケットである。東京より1時間時計を早め、世界で一番早くマーケットがオープンする都市となった。週末のニューヨークやロンドンマーケットの結果を踏まえ、週明け一番に取引ができるのだ。中国、ロシア、南アジアの資金が流入を始めた。これらの地域はまだまだ成長するから、北海道マーケットも先行きが楽しみだ。

北海道議会では女性議員が台頭し、その比率が増えてきた。そんな議会は、少子化対策に先駆的な政策をとることにした。シングルマザーの全面支援である。北海道では、夫婦の間の子と比べ、婚外の子で不利をこうむることは何もない。そして、シングルで子持ちの女性が働ける体制を万全に整えた。支援政策は、子育て中の再就職をめざす女性にとっても利用しやすいものだった。道内には、女性だけの会社、女性だけのファーム、女性だけの製造工場などはめずらしくない。このような職場にはもちろん託児所があり、働けない期間をお互いに補い合うシステムが整ったので、安心して休み、また働ける。

制度が整ったことで、母子たちの道外からの転入が増えた。再婚を含めた道全体の婚姻率、若年層比率も高くなり、結果、出生率は日本で最も高い伸びを示している。北海道の財政はまだまだ厳しいが、子どもが増え、若い人たちも仕事を持って活気づき、明るい兆しが見えている。

○東北道（青森・岩手・秋田・宮城・福島・山形）

ことの始まりは、「東北女将連合会」が始めた「みちのくユニバース」というコンテストだった。東北道の温泉街が結束して活性化のためのイベントとして立ち上げた。30代、40代、50代、60代以上の〝温泉美人〟を決定しよう、というものである。各地の温泉から候補を選抜、「看板女将」自ら登場という例も少なくなかった。そこでの〝シニア〟優勝者が、あまりに若々しく色白で美しいというのであっという間に世界中の評判を集めた。「日本の温泉に入ると若く美しくなれる」というので、世界の富豪が続々と東北の温泉を訪れ始めた。ハリウッド女優もやってきた。静かな温泉地はにわかに活気づいた。「女将連」は急ぎ、ユダヤ教徒、イスラム教徒、ヒンズー教徒対応の和風懐石料理を提供する各国セレブ対応プランを用意した。実際に、東北の温泉に1カ月滞在し湯治と日本食を続ければ、目に見える〝若返り効果〟があり、さらに評判は高まった。

「みちのくユニバース」は年々規模が大きくなり、他の道州の温泉地、さらに中国や韓国からも〝参戦〟が増えた。しかし今のところ、優勝者は日本の温泉地出身者が占めている。中国東北部は自国の地域開発のため、東北道の成功にぜひとも対抗すべく、〝シニア美女〟養成を開始したらしい。

東北道域内での世界からの観光客があふれたあまりの盛況ぶりに、ついに道政府はカジノの開設を許可。東北内陸部の市郊外にオープンした。いまや東北道は、日本一の国際社交場を有し、GDP成長率は日本一である。財政基盤の心配は消し飛んだ。このため東北道は、かねてよりのビジョンであった環境先進地域としての取り組みに、さらに力を入れている。風力・太陽などエコエネルギーの利用促進、環境と景観に配慮した治水対策、二酸化炭素排出削減、廃棄物処理のための新技術の開発と実用化など。これらは海外からのゲストを通じて世界の評判を呼び、環境対策視察団もあとをたたない。今年は第1回〝世界環境保全サミット〟も開催された。このサミットのいいところは、新技術の海外供与ODA（政府開発援助）を織り込んでいることだ。こうして温泉地とカジノの収益は、地球環境のために還元される。

唯一社会問題となりつつあるのは、国際結婚、留学などでシニア世代の女性の海外流出が激しいことで、同世代の男性の「国際化促進」が課題となっている。

○関東道
（東京・千葉・神奈川・埼玉・茨城・群馬・栃木）

関東道は結局、東京だけを特別道にはせず、周辺6県と一緒に道となった。人口3000万人、道内総生産（GDP）170兆は他の諸外国と比べてもまだ「大国」と呼べる大きさである。このため「道内分権」をさらに進めた。

関東道は道州制移行時の道州間規約により、「基準額以上の一人あたり所得を有する道州は、他の道州に寄与する義務」を負っている。このためもあり、税率は重い。消費税は18％、所得税も高く、その一部は「ふるさと納税」として、納税者本人の希望する日本の道州に納税できる仕組みとなっている。このほか、所得控除の対象になるため、他の道州や基礎自治体への自主的な寄付も盛んで、関東道には「意思ある納税者」が定着している。

この10年、大プロジェクトのため関東道は楽ではなかった。ひとつは日本の道路網の0起点である日本橋の再生で、今年ついに橋の上の高速道路が撤去された。もうひとつは都市近郊の古いニュータウンなどの再開発である。これらには相当な資金を要し、道債を発行したから、関東道は当面は赤字財政である。しかし、ここまできたら見通しはついた。

その次に関東道が力を入れたのは、農業改革である。他の道州でも農業の株式会社化をしているが、関東道は最も先進的で、近郊農業の農家を一定規模に集約し株式会社で経営、多品種少量でしかもスピード供給という、都市の食料ニーズにいち早く応える体制を整えた。農地改革も進み、今は東京都心をぐるりと取り囲む神奈川県三浦～東京多摩～埼玉西部・北部～群馬・栃木～千葉房総の一帯が、「アグリベルト」と呼ばれる関東の食糧庫である。現在の特産品は、埼玉の有機トマトや大豆加工品、栃木のイチゴ、群馬の高原野菜、千葉はイモ類や果物、花……多くが安心の品質と安価を誇っている。

先の住宅再開発事業や農業改革により、家賃、食費などの生活コストは以前より格段に安くなった。税金が高くても東京に住み続けられるのは、このためである。

東京の山手線内側には車の乗り入れが制限され、そのかわりに歩道と自転車専用路が整備された。一時期不安視された治安問題も、住民と企業の社員ボランティアによる清掃やパトロールで万全になり、〝24時間散歩できる街〟だ。銀座、六本木、表参道と個性ある街並には、いつもたくさんの人が歩いている。仕事や通勤で行き来する人のほか、「東京を歩く」ために訪れている人も多い。今日も夜遅くまで、華やかな賑わいが続いている。

○中部道（静岡・長野・山梨・愛知・岐阜・三重）

地の利に恵まれた港や空港を有する中部道は、利便性を最大限に活かすため、これらすべての24時間稼動と利用料の大幅引き下げを行い、国際的な物流の一大拠点となってきた。たとえば岐阜・長野地区の南部は比較的、港や空港から近く、また、地代も安く設定されたため、多くの巨大倉庫群が形成された。大手通販企業の配送センター、レストランチェーンの食品管理倉庫、海外から進出したスーパーマーケットの物流センターなどもある。

愛知地区では、自動車メーカーが中心的役割を担って、街づくりの充実を図っている。企業内保育所、企業内学童公園、企業内介護ホーム、そのほか株式会社による学校も、塾も、リハビリセンターもある。職住接近を包括的に進めた域内循環の充実により、高齢者、子育て中の主婦のワークシェアリングも可能になり、各企業の貴重な戦力になっている。たとえばメーカーをリタイアしたエンジニアのN氏は、地域循環バスで家から会社へ週に2回出向き、自らが保有する特許の技術指導を行っている。週に1回はボランティアとして学校で科学の授業、その他の日はスポーツセンターへ、すべて同じバスで行き来できる。小学生と中学生の子を持つ主婦のYさんは、午前中は域内トラックの運転手として働き、夕方はクラブで社交ダンス。このような働き方が可能になった結果、一人あたり生産性はめざましく上がった。

また、企業と住民の根強い運動により、各地に芝生のグラウンド、スポーツ施設が整備された。子どもから老人まで自分に合った運動をいつでも、無料でできる。サマータイムが導入された5月から9月の間は、中部道の企業はすべて5時に終業し、市民の多くは3時間ほどこれらのスポーツ施設で汗を流す。ほかに図書館、アトリエなどもあり、文化サークルも増えてきた。この時間は小中学生から社会人、リタイア世代まで、世代の違う人たちの貴重な交流の場ともなっている。

中部道では、公共サービスの約4割に企業が介在し協働する仕組みが構築され、大幅なコスト削減が可能になった。そのため、過疎地域への公共サービスも行き届くようになった。長野・山梨・岐阜・三重は生活コストが安く暮らしやすい町として、セカンドハウスを建てて、頻繁に域内を移動する人たちも増えている。

○北信越道（富山・石川・福井・新潟）

最初に羽ばたいたのは、福井のメガネ産業だった。以前から世界で技術水準の高さが受け入れられ、高級品として人気上昇していたが、あるメーカーが出した「ゴールデン・アイ・シリーズ」という、日本人から見ると気恥ずかしいようなネーミングではあるが、金を効果的に使ったゴージャスなメガネのブランドが、まず中国で評判になり、次いでヨーロッパなどにも波及した。パリやニューヨークでコレクションを発表するたび予約が殺到するのだが、手工芸品のため1年先まで入手は困難だそうだ。こうして、日本で初の、ファッションの世界ブランドが確立した。

この成功に負けじと、金沢も追随しようとしていた。日本の伝統的な絹織物と、工芸技術を現代の感覚でアレンジしたバッグのシリーズはそのものずばり、「ジャパネスク」と名づけられた。この作品群に日本の世界的デザイナーも賛同し、自らのファッションと「ジャパネスク」シリーズのコラボレーションも始まった。日本の伝統的な着物の独特で大胆な配色が好評で、日本発第2のファッション・ブランドとして有望となっている。

また、ファッション以外では、和菓子の老舗が中国に出展した店がヒットし、アジアで和菓子ブームが起こっている。季節感あふれる美しさとカロリーが低いことで、アジアの高所得層の女性に大人気である。このブームをさらに広めようと、和菓子メーカーと北信越の数社が協力して世界各地でお茶会を開催。茶道にまで再注目が集まっている。

伝統産業ばかりではない。新潟ではアニメタウン構想が進み、大学のアニメーション学科を中心に、映像、雑誌、サブカルチャー研究が盛んになった。ここでは、日本人らしからぬ「人と違う」「とんがっている」ことが評価されるらしい。この分野では、東京・秋葉原との連携はもちろんあるが、直行便で海を介して韓国やロシアとの交流も盛んで、それぞれの国との共同映画制作の拠点にもなっている。かつての「韓流ブーム」のスターもこの地に何人か住んでいるそうだ。学校では、演劇ワークショップや映画制作が子どもたちに人気がある。

今、北信越道のどこかの繁華街に行ってみると、日本一ファッショナブルな人たちが歩いている（ちょっと変わった格好の人もいるが）。広場や定食屋で、文化や映画の話をしている人たちもいる。ヨーロッパのカフェ文化のようでもあり、いやいやそれよりは江戸時代の八っつあん熊さんなのかな、という感じでもある。劇場、映画館、音楽ホールも多い。〝文化とファッションの街〟としての意気込みが感じられる。

○ 近畿道（京都・大阪・兵庫・滋賀・奈良・和歌山）

大都市から農村まで、まさしく日本の縮図である近畿道。国づくりの方向性はなかなか出なかった。経済界からは今の府県のままでゆるやかな道州制をという意見まで出されていた。道州制の具体化は進まず、議論ばかりが続いた。気がつくと、政治家・公務員から商店街・住宅街の人々まで、毎日顔を合わせれば「この近畿をどうしたらいいか」「道州制でいいことがあるのか」、さらには「多様さに価値がある？　みんな一緒でどこが悪いんじゃ」との意見まで、本音の話し合いが続けられた。こうして、混沌とした2年余が過ぎていった……。

そしてどうなったか。さすがの関西人、ほかにはないオリジナルな国づくりが少しずつ始まった。

最初に合意したのは、「近畿道年金」。今は混乱していても、とにかく将来には保障があればよし、ということで全員加入が実現した。また、公務員の解雇はせず、年金業務、介護サービスや教育、環境ビジネスを手がける「近畿道公社」を設置した。以前とは違い、公社は人事の出入りもあるし、徹底した透明性を保ち、道民の監査もある。公社職員の給与はかつての地方公務員よりは低いが、仕事には誇りをもって取り組んでいる。公社の活用により、教育費・医療費・介護費の無料化が数年後までに完了の見通しだ。もちろん、住民はほかの道州より高い税率にも合意している。ただし今後も、公務員・公社員に対し、日本一監視の目は厳しいだろう。

今や近畿道は日本で一番〝高福祉国家〟になり、日本のスウェーデンとも称されるようになった。そして、関西の企業もこの構想に賛同し、高い法人税でもこの地にとどまっている。社員の給与水準は決して高くはないが、終身雇用を再導入したところもある。そして、公社や会社の中では、同じ作業着を着た社長と社員が食堂で隣同士で食事をしているといった懐かしい、古きよき日本の会社風景が再現されている。社員の間には連帯感、共感が生まれ、助け合いながら仕事をする日本的風土がある。驚いたことには、このような旧来スタイルを再現した企業の業績が急上昇してきた。世界が〝70年代日本モデル〟の再評価を試みようとしている。

　こうして再生に成功し、自信をつけた関西人は強い。世界遺産である京都・奈良・熊野は古都連合を結成、相変わらず激しい議論を重ねながら文化振興策・観光業を練っている。先日は明石市となんば市が「たこ焼き連合」を発足させた。日本海、琵琶湖、瀬戸内海、太平洋、この４水産連合がすごい。関西人らしく、庶民の味、回転寿司を始めた。名前は「４海転寿司」。種類も多くてとにかく美味くて大人気。全国１２０店舗、海外には30店舗。串揚げ、明石焼き、お好み焼きも回る。盛りだくさんの関西スタイルが世界標準となりつつある。

○中国道（山口・広島・島根・鳥取・岡山）

　道庁は中国山地のどまんなか、安芸高田市や三次市が合併して生まれた備北市となった。同市は地方分権発祥の地であったためである。安芸高田市川根地区は住民自治のまちづくりで全国のモデルとなった。三次市は県道の管理をはじめ、さまざまな県の事務・権限を積極的に移譲を受け、いちはやく地方分権を進めた。備北市となってもこの理念は引き継がれている。この地には、「過疎を逆手に取る会」、「中国地域づくり交流会」、ＮＰＯ法人「ひろしまね」等々、県境を越えた市民のつながりの実績があり、多くの地域づくりのリーダーが以前から育っていた。彼らが市民主体の道州制の牽引者になったことは言うまでもない。

　ところで、中国道といえばＨＩＲＯＳＨＩＭＡである。まずは道立大学に世界の学生が学ぶ「平和学部」を創設、とりわけ中東、アフリカなどの紛争地域からの留学生を優先的に受け入れることとした。学部卒業後、さらなるレベルアップをめざす学生は、奨学金制度により、日本のほかの道州や世界のどこの大学、どんな学科でも希望に応じて進学できる。この制度が人気になり、各国の人材が集まるようになった。同時に発足した、「世界市民平和会議」では、毎年市民レベルで国際問題を論議している。中国や韓国の人たちも、〝日本〟ではなく〝市民〟でかつ〝ＨＩＲＯＳＨＩＭＡ〟発、ということだとあまり抵抗がないようで、アジアとの連帯も飛躍的に深まった。年に1度の会議による平和アピールは、いまや国際情勢への影響力をもつものになっている。

この大学と平和会議による人材交流のおかげで、中国道には日本政府にも持ちえなかった有力な「外交ルート」がかなり育っているらしい。現在の道知事は、25年後の「ＨＩＲＯＳＨＩＭＡ原爆100年記念式典」において、「世界非核宣言」を採択することを表明した。この準備をするべく、今から世界を回って奮闘中である。

○四国道（香川・愛媛・徳島・高知）

一番心配をさせた四国、確かに難産だった。税収は少なく、産業も少ない。道知事は、まず思い切った税制改革を行った。消費税4％への引下げである。ただでさえ所得税などの税収総額が厳しい地域なのに、安定的財源である消費税を現行の8％から半分にまで減らすのだ。そして、住居費、光熱費も、ほかの道に比べ格安。その狙いは、〝ハッピーリタイアライフ〟立国だった。年金暮らしのリタイア層が生活費がかからず、温暖で住みやすい四国でのんびりできるということで、シニア層のＵターン、Ｉターンが増加した。それだけではなく、リタイア層の積極雇用政策も同時に開始した。

四国をよく見てみよう。今、何が元気なのか……。上勝《かみかつ》のじいちゃんばあちゃんが元気だよ。そういえば馬路村《うまじむら》も。どうも四国のじいちゃんばあちゃんはまだまだ現役、大活躍である。新しく加わったシニア層もこれに加わって、何かできないかということで、ビジネスの検討が始まった。じいちゃんばあちゃんうどん作り講座は超人気、お遍路お供ガイドもなかなか予約が取れない。四万十川の清流でうなぎ取り体験……。

四国は人口比率では高齢者層が多いものの、一生現役で元気で働く人が多くなり、医療福祉予算は激減した。もちろん日頃の健康診断などの病気予防体制、健康増進施設、医療福祉施設は日本一の水準、これも安心して働ける理由だ。

そして最近では、九州道や近畿道で働く若い世代にも、四国に週末セカンドハウスを持つ人が増えた。今まで未開発だった山間部に、個性ある家並みが点在して美しい景観を保っている。もちろん、〝週末族〟は消費税の安い四国でどっさり買い物をする。郊外の何もなかったロードサイドに、突如、巨大なショッピングセンターが登場した。そこにはスーパーマーケット、美容院やエステサロン、インテリアショップに電気店から、宝飾品・ブランド品の高級ブティックまで何でもそろっている。暮らして安心、滞在して楽しい四国道ができあがった。

○九州道
（福岡・佐賀・大分・熊本・宮崎・鹿児島・長崎）

九州各県は、道州制以前からアジアを意識した施策を展開していたが、道州制の発足により、東を向く必要もなくなった。ひとつの道として、戦略的に〝ルック・ウェスト〟、アジアに顔を向けた国づくりを進めることとなった。

その基本が「東アジア経済文化拠点道構想」である。韓国・ASEAN諸国とは関税を撤廃し、ビザも廃止、行き来も文化も経済も自由化された。共通貨幣ASIAも導入された。

日本とアジアの間には、戦後を引きずるさまざまな課題があったが、道州制の導入にあたり、道知事は独自外交を展開した。新しい国を作り、真にアジアの一員になることを積極的にアピールし、各国との個別条約の中でさまざまな課題を整理し、対等に親しい友人として付き合っていくことが可能となった。

今、各地の港はアジアからの物流でにぎわっている。九州道を走っている車は、ほとんど中国製となった。九州道からは米、野菜、果樹、肉、魚等々さまざまな高級食材が、消費大国となった中国をはじめアジアの富裕層の舌を満足させるため、港から送り出されている。

九州道の各地には「ここが日本……？」と見まごうような国際都市ができた。その代表のひとつが博多である。見た目は日本人と近い人たちが多いが、話している言葉は実にさまざま。街並みの表示も各国語。最近は中東の人も増えた。

来年には、対馬を経由した日本海トンネルが開通し、リニアモーターカーでの往来が実現する。この開通により、物流はさらに拡大し、九州道の拠点性はますます高まることが予想される。

○琉球王国（沖縄）

２０１０年、沖縄道は名称を「琉球王国」に変更した。国会の抵抗はあったが、あくまでも呼称ということで了解を得ることができた。もちろん国王はいない。直接選挙で選ばれた道知事を王国知事と呼ぶだけの話である。

それでも沖縄の人々は喚起乱舞した。そして王国知事は、かつて小国ながら、海洋外交・貿易の中心として栄え、独自の存在感を世界に示した琉球王国の名に恥じない自立する国づくりを宣言した。

まずは、全国民を対象に、無料で英語や中国語の語学研修を行い、国民全員を観光インストラクターとして養成を始めた。小学校でも観光の授業があり、ホスピタリティの授業のあとでは、子どもの態度が変わったと好評のようである。もちろん、授業には琉球舞踏、蛇皮線、古武術、琉球語、琉球の歴史もある。意外なことは、これらのカリキュラムは今どきの子どもたちには退屈だろうと思われたものが、大人気だということだ。民族衣装や民芸品の店は今まで観光客向けであったのが、子どもたちがいろいろと物色しに来るようになり、流行グッズが数多く生まれた。かれらの〝琉球の血〟が目覚めたといったところだろうか。子どもたちとお年寄りが「琉球話」で盛り上がるのに、あわてて大人たちも追随している。大人たちも大いに刺激を受けて気づいた。今あるものを大切にすること。その素晴らしさをそのままに、少し手を加え、頭を使うことで、資源は見違えるのだ。

そして観光産業である。那覇空港3000メートル、嘉手納基地4000メートルの2本の滑走路を整備し、各国からの航空機の直接乗り入れが可能となった。元米軍基地の広大な敷地を利用して、日本の他の地域では不可能な施設の充実が実現した。日本のアニメのテーマパーク〝ハイパーアニメワールド〟、ゴルフ場、ビーチなどは、もちろん入国しなくても入場できる。世界一楽しい空港という愛称がつき、東南アジアのハブ空港としては利用客数上位に入っている。しかし、トランジットだけでなく、大半の空港利用者が琉球へと入国する。島のリゾートや町散策へでかけるためだ。那覇市の景観は様変わりした。日本のどこかの町と同じようであった中心の繁華街は、今はどこから見ても「異国」の景色だ。鮮やかな民族衣装で歩いている人もいる。話題の琉球を見に行こうと、日本のほかの道州からの観光客も増加している。

税制優遇により、世界の資金商品も集まっている。「日本政府に頼らない」「単独での独立」という道を選んで、本当によかった。グローバル国家「琉球王国」の誕生である。

3 生き方を選べる国・日本

道州制導入から10年。日本の各地域は、この十数年大変な苦難続きだったが、今は、「道州制にして、本当によかった」と振り返ることができる。今の日本をひとことで表現すると、「気分爽快な楽しい国」だ。各地域には、それぞれの魅力があふれている。

若い人、子どもがあふれて元気な北海道
シニア女性と海外のセレブでにぎわう東北道
文化の香りただよう北信越道
成熟した都会・関東道
企業と住民が力をあわせて活気づく中部道
古きよき日本を思わせる近畿道
平和と外交をアピールする中国道
暮らしやすい、のんびりとした四国道
ルック・アジアの国際空間・九州道
もはや日本ではない!?　琉球王国

２０２０年の日本。あなたは何歳になっていますか？
そして、どこに住んでいるでしょうか？

もしあなたが、これから学校で思う存分勉強したいなら、中国道か東北道の奨学生になるのもいいかもしれない。起業して成功したいなら、関東道か中部道だろうか。就職するなら、サラリーマンが生き生きと会社ライフを楽しんでいるらしい近畿道もいいかもしれない。国際都市なら、九州道か琉球王国だ。もし失恋したばかりでどこかに行きたいなら、若い人が多い北海道に行くか、四国道のログハウスでのんびりするか。リタイア後は、中部道に住んでまだまだ社会貢献するか。

いやいや、でも、すでに地域づくりのために汗をかいたあなたは、今住んでいる道を愛していて、ここにずっといつまでも住みたいと願っているのかもしれない。家族と、友人と、大切な人々とともに築き上げたこのまち、今住んでいる道州に。

日本全体では、歴史や文化の再評価が著しい。もともと日本は2000年の歴史とともに文化や産業を育んできた国で、約100年の間の路線変更はあったが、もとの方法に戻ったということだ。起伏に富んだ、風光明媚な日本の風土と同じように、各地には各様の文化・伝統のありようが復活してきている。句会・歌会・茶会などがしばしば近隣の公園で開かれるし、祭りや季節の行事を地域総出で楽しんでいる。もちろん、海外からの観光客も増え続けていて、「日本には見るところがありすぎる」との感想を述べて帰り、また訪れてくる人も多い。

歴史・伝統が復活すると、高齢の人々の社会的地位も上がる。「高齢化社会」と呼ばれても、今の日本はびくともしない、そんな余裕がある。

移民を受け入れる道州も出たことで、日本全体にも人種や言語の違う人が増えた。しかし、受け入れるまでは抵抗がある日本人だが、いったん受け入れると温かく、隣人として迎え入れたため、移民と日本人の間には壁がなく、共生はうまくいっている。以前よりさらによくなった、世界一治安のいい、暮らしやすい日本へと、移民の希望者も増えているため、、受け入れ側の道州では優秀な人材を確保できている。

世界に目を転じてみよう。中国とインドの国際社会での存在感が増してきた。もはやアメリカ一極支配はすでにない。日本の中が多様化したのに歩調を合わせるかのように、世界も多極化が進んでいる。そんな中で、道州制に移行した日本の存在感は変化している。

新たな選挙制度では国のための真の貢献を期する多くの政治家が国会に送られた。やがて成立した内閣の総理大臣は、外交の分野で、専門的・戦略的・長期的な政策を次々と実施した。以前は〝お金は持っているが顔の見えない日本〟と揶揄されていたが、日本の〝顔〟が今形成されつつある。

日本のODA総額は道州制を経る間に大幅に減ったが、その代わり、各分野ごとに旧農水省、経済産業省、国土交通省などの有能な人材が世界各地に派遣され、技術指導・国土開発などを牽引した。その働きぶりは現地でも評価・感謝された。日本からは遠い途上国の隅々にまで行き渡ったその貢献で、国際社会での日本の存在感は増した。

まず、国際捕鯨委員会では日本の発言を支持する国が増え、計画的な捕鯨が再開された。さらに、世界海洋資源に関する国際会議、世界食糧問題会議などでも、世界環境を重視し、持続可能な農業の推進などを主張する日本の意見が受け入れられた。現在、日本は世界の食糧自給問題および海洋資源の研究開発について、主導的役割を果たしている。

日本国政府は新たに、日本が主催するアジア・サミットを毎年開催することとした。各国との積極的な外交や、日本の伝統・文化などの情報発信、日本ならではの分野における研究開発などにも力を入れるようになった。日本中から集まる優秀な人材を、外交のエキスパートとして育成できたから可能になったことである。また、各道知事がそれぞれに、世界と向き合う積極的な外交政策を展開し、国と各道州の多角外交によって中国や韓国との軋轢の問題もほぼ終息の見込みである。日米関係は、信頼関係はそのままに、以前より対等なパートナーとして認め合えるようになった。

何よりも、日本が尊敬される国になった。国際的なリーダーとして、信頼できると、各国から認められている。そして、財政危機を自ら乗り切ったことも評価され、各国の指針になっているようだ。

エピローグ

私たち道州制ドットコムが、「道州制実現」の活動を開始して早6年がたちます。6年前には、「道州制実現」は遠い道のりでしたが、一昨年には道州制特区推進法が成立。現福田政権も道州制推進の方針を示し、「道州制」は国政の表舞台に浮上してきました。本書にご寄稿いただいた増田寛也氏は、総務大臣・道州制担当大臣に就任しました。経済界からは、経団連が道州制提言を発表しています。

まず、この本では「道州制」とは何かをわかりやすく伝え、「道州制」は是か非か？　どう変わればいいのか？　といった、市民レベルの議論を今この時期に、広く促したいと考えました。今回、一市民の私たちがこのようなテーマの本を執筆するのは、はなはだ恐縮ではあります。しかし、一市民の立場で6年間活動してきた私たちだからこそ、市民の目線で考え、感じたことを率直に書くことができるのではないかと思います。

そして、本書の真の目的は、ただわかりやすく「道州制」を伝える、ということだけではありません。政府案がこのままいけば、権限や財源の移譲がほとんどない、名前ばかりの「道州制」が進行する可能性があります。今ここで、市民レベルで道州制の中身を議論する動きが盛り上がれば、このシナリオを変えられます。「道州制」の本来の目的である、地域が再生できる、生活者が主役の「道州制」を手中にすることが可能になります。これが道州制ドットコムの発信し続けるメッセージです。

大前研一氏創設の「政策学校一新塾」で私たちは出会い、そこで大前塾長が提唱していた「道州制」の理念に初めて触れました。数年後、講義後もいつものように議論しているうちに、「道州制」を本気でやってみようという話が出ました。その場で賛同した塾生6人が一人5000円ずつ出し合い、集まった3万円でdoshusei.comのドメインを取り、ホームページを立ち上げました。こうして道州制ドットコムは2002年2月に発足しました。「道州制実現」の夢をもって活動をスタートしたものの、当初から実現への道筋を描けていたわけではありません。ただ、自分たちが望む社会を実現するためには、まず自分たち市民が主体的に行動しなくてはならないと思ったのです。

今、道州制ドットコムには多様なメンバーがいます。ビジネスマン、主婦、学生、公務員、起業家など、さまざまな世代、さまざまなバックグラウンドのメンバーが週末には一新塾の講義室に集い、時には一〇時間にわたって議論を重ね、また、小冊子や本の作成、各地での講演やワークショップをしてきました。そして、その活動の経験から、私たち一市民でも行動すれば社会を変えられる、ということを確信しています。そして、この6年間、情熱をもって協働し歩んできた一新塾の森嶋さんと、この本の発刊を共に喜び合えることを、まことに嬉しく思います。

すでに皆さんおわかりのように、道州制と日本の将来のために最も重要なことは私たち市民が参加することです。友人と地域や政治に関して話しあってみること、地域活動に参加すること、みんなで選挙に行くこと。できること、興味があるところからでいいと思います。私たち一人ひとりが小さな一歩を踏み出したとき、この国の、そして私たちの街の歴史は変わるに違いありません。

道州制で日本の地域がよくなるかどうかは私たち次第なのです。この本が日本と日本に住む私たち市民のために少しでも役立つことがあれば、幸いです。

謝　辞

出版決定からすべてお世話になった現代人文社の木村さんがいらっしゃらなければ、この本はありませんでした。本当にありがとうございます。また、出版にあたってご協力いただいた増田知事、松沢知事、北川元知事、創設以来折りに触れてアドバイスをくださったせんだい・みやぎＮＰＯセンターの加藤哲夫さん、そしていつも休日出勤して会議室を開けてくださった一新塾事務局の近藤さんに、心より感謝申し上げます。

道州制ドットコム代表　藤井秀一

http//www.kyukeiren.or.jp/katsudo/pdf/1712doushusei.pdf
・九州地域戦略会議の提言／報告書「道州制に関する答申」(2006 年 10 月)
http://www.kyukeiren.or.jp/katsudo/pdf/1810dousyuusei1.pdf

● 九州経済同友会

・九州自治州構想 (2005 年 6 月)
http://www.kerc.or.jp/html/intro/0506.pdf
・道州制に関する答申 (2006 年 10 月)
http://www.kerc.or.jp/html/intro/0610-1.pdf

各都道府県も地方分権のあり方という観点から道州制を重視しています。とくに下記の都道府県のホームページは道州制についての考察が充実しています (2007 年 1 月現在)。

● 北海道

・道州制のページ
http://www.pref.hokkaido.lg.jp/sk/cks/bunken/dousyuusei-top.htm
・北海道道州制特区推進法に関する最近の動き
http://www.pref.hokkaido.lg.jp/sk/cks/bunken/ 道州制特区推進法の最近の動き .htm

● 岩手県

・地方分権のホームページ
http://www.pref.iwate.jp/~hp020101/bunken/bunken.htm

● 神奈川県

・地方分権の広場
http://www.pref.kanagawa.jp/osirase/kouiki/index.html
・分権時代における自治体のあり方に関する研究会
http://www.pref.kanagawa.jp/osirase/kouiki/arikata/arikata.html

● 岡山県

・21 世紀の地方分権は自立力のある広域的自治体「道州制」で！
http://www.pref.okayama.jp/kikaku/kikaku/dosyusei_html/
・「21 世紀の地方自治を考える懇談会」報告書について (2003 年 3 月)
http://www.pref.okayama.jp/kikaku/kikaku/kikaku60.htm

● 広島県

・広島県の地方分権改革
http://www.pref.hiroshima.jp/soumu/seisaku/bunken/

● 沖縄県

・沖縄県道州制等研究会中間報告 (2005 年 11 月 30 日)
http://www3.pref.okinawa.jp/site/view/contview.jsp?cateid=29&id=10430&page=1

【資料】

道州制について活動している団体・グループ、人物は私たち道州制.comだけではありません。その一部を紹介します（URLは2007年1月現在）。

● 道州制推進連盟

大前研一氏の旗揚げした「平成維新の会」の活動がそもそもの始まりのボランティアの市民運動。どの政党とも特別の関係をもたず、中立の立場からどうしたら「良い国」が実現できるかを検討・活動中。ホームページでは道州制推進基本法の私案も掲載しています。

http://www.dohshusei.org/

経済団体ではとくに下記の団体が道州制に関心を示しています（2007年1月現在）。

● 北海道経済連合会

・「北海道の目指す姿と道州制」（2005年6月）

http://www.dokeiren.gr.jp/doushusei/doushusei-top.html

● 中部経済連合会

・「道州制移行への提言——自立型行財政体制の確立に向けて——」（2002年10月）

http://www.chukeiren.or.jp/katudou/teigen/14/7.html

● 関西経済連合会

・関西州（産業再生）特区構想（2004年6月）

http://www.kankeiren.or.jp/katudou_tihou6.htm

● 関西経済同友会

・5年以内に「連邦的道州制」へ移行せよ　次期内閣総理大臣への逆マニフェスト——憲法改正と廃県置州により実現する地域主権提言——（2006年4月）

http://www.kansaidoyukai.or.jp/Default.aspx?tabid=131

● 中国経済連合会

・広域的な地方自治の実現に向けて——中国地方からの道州制移行論——（2004年11月）

http://www.gr.energia.co.jp/cef/pdf/dousyusei.pdf

● 四国経済連合会

・地方の自立に向けた行政制度改革について［地方分権（道州制）に関する中間報告］（2005年11月）

http://www.yonkeiren.jp/sef/doshu_chukan.pdf

・道州制に関するアンケート（2006年8月）

http://www.yonkeiren.jp/sef/doushuu0608.pdf

● 九州経済連合会

・地方からの道州制の推進 に向けて～「九州モデル」の検討～（2005年5月）

道州制.com

http://doshusei.com/

現在、道州制 .com のメンバーは約 80 名。主な活動は以下のとおりです。

◎ホームページ運営
現在運営中のホームページは、多い日で 3,000 回以上のアクセス数があり、Google での「道州制」検索ナンバーワンサイトとなっています。

◎小冊子作成・販売
一般市民の方のために道州制をわかりやすく解説した小冊子をこれまでに 3 種類（提言を含めると 4 種類）作成し、これまでに約 500 冊を販売しています。
「これでわかった道州制！」2004 年 4 月版
「これでわかった道州制！—入門編—」2004 年 10 月版
「これでわかった道州制！—展開編—」2004 年 10 月版
「自主自律道州制に向けての提言」2006 年 2 月 4 日

◎講演活動およびワークショップ開催
道州制をテーマとした講演及びワークショップ（政策研究）を開催しています。

これまでの開催実績は以下のとおりです。

青森県八戸市（2005 年）、茨城県土浦市（2005 年）、新潟県長岡市「道州制フォーラム in 長岡」（2005 年）、東京都「自主自律道州制」を発表（2006 年）、新潟県新発田市、埼玉県狭山市（2006 年）

◎「市民道州制チーム」による執筆活動

＊なお、ご意見・お問合せなどは随時上記ホームページにて受け付けています。

●編著者
道州制.com（道州制ドットコム　http://www.doshusei.com/）
一新塾での出会いを発端に、２００２年より、会社員、主婦、公務員、起業家などのメンバーが、市民の視点から道州制を考え、ビジョンを発信し続けている。運営しているホームページは「道州制」検索ナンバーワン・サイト。ほかに講演・ワークショップ・出版物などで活動を展開。

●「市民道州制」出版プロジェクトメンバー
上原健太郎・大槻幸雄・荻野睦子・倉田剛・嶋田忠昭・白井安彦・砂川博昭・全いるち・簗山美樹・寺本克彦・羽木義信・藤井秀一・藤川祥子・本多慶吉・本多秀臣・森嶋伸夫・吉田浩之

●執筆担当
第1章…荻野睦子
第2章…藤川祥子・荻野睦子
第3章…上原健太郎・荻野睦子
第4章…荻野睦子
第5章…倉田剛
第6章…藤井秀一・寺本克彦・簗山美樹・荻野睦子

●監修
NPO法人 一新塾（http://www.isshinjuku.com/）
１９９４年、大前研一を創設者として開塾したネクストリーダー養成学校。生活者主権社会を創造する主体的市民を輩出している。卒塾生は議員、NPO起業家など多数。代表理事・青山貞一・片岡勝・森嶋伸夫。
〒105-0014　東京都港区芝3-28-2カスターニ芝ビル2F

●データ協力
合資会社 社会経営システム研究所（http://www.smslabo.com/）
税金の使途から国家財政・自治体の財政などを分析し情報提供および政策提言を行う。
代表・白井安彦（一新塾12期）。
〒221-0856　神奈川県横浜市神奈川区三ツ沢上町28-9コートヴィレッジ三ツ沢A101

道州制《どうしゅうせい》で日《ひ》はまた昇《のぼ》るか
地方分権《ちほうぶんけん》から市民主権《しみんしゅけん》へ

2007年3月30日 第1版第1刷
2007年10月30日 第1版第2刷
2008年7月3日 第1版第3刷
2010年2月18日 第1版第4刷

編著　道州制.com
監修　NPO法人 一新塾
発行人　成澤壽信
編集人　木村暢恵
発行所　株式会社 現代人文社
〒160-0004
東京都新宿区四谷2-10八ッ橋ビル7階
電話　03-5379-0307
FAX　03-5379-5388
メール　henshu@genjin.jp（代表）
hanbai@genjin.jp（販売）
ウェブ　www.genjin.jp
発売所　株式会社 大学図書
印刷所　株式会社 ミツワ
ブックデザイン　Malpu Design（沖直美＋渡邉雄哉＋清水良洋）
イラストレーション　Malpu Design（河村誠）
検印省略　Printed in Japan
ISBN　978-4-87798-326-0